설교자를 위한

신약석의 입문

데이빗 앨런 블랙 지음
김경진 옮김

μοι ἐν ἐκείνῃ τῇ ἡμέρᾳ· κύριε κύριε, οὐ τῷ σῷ ὀνόματι
ἐπροφητεύσαμεν, καὶ τῷ σῷ ὀνόματι δαιμόνια ⸆ ἐξεβάλο-
μεν, καὶ τῷ σῷ ὀνόματι δυνάμεις πολλὰς ἐποιήσαμεν;
23 καὶ τότε ὁμολογήσω αὐτοῖς ὅτι οὐδέποτε ἔγνων ὑμᾶς·
⸀*ἀποχωρεῖτε ἀπ' ἐμοῦ* ⸆ *οἱ ἐργαζόμενοι τὴν ἀνομίαν.*
61 V 24 Πᾶς οὖν ὅστις ἀκούει μου τοὺς λόγους °τούτους καὶ
ποιεῖ αὐτούς, ⸀ὁμοιωθήσεται ἀνδρὶ φρονίμῳ, ὅστις ᾠκο-
δόμησεν αὐτοῦ τὴν οἰκίαν ἐπὶ τὴν πέτραν· 25 καὶ κατέβη
ἡ βροχὴ καὶ ἦλθον οἱ ποταμοὶ καὶ ἔπνευσαν οἱ ἄνεμοι καὶ
⸀προσέπεσαν τῇ οἰκίᾳ ἐκείνῃ, καὶ οὐκ ἔπεσεν, τεθεμελί-
ωτο γὰρ ἐπὶ τὴν πέτραν. 26 καὶ πᾶς ⸂ὁ ἀκούων⸃ μου τοὺς
λόγους τούτους καὶ μὴ ⸀ποιῶν αὐτοὺς ὁμοιωθήσεται ἀν-
δρὶ μωρῷ, ὅστις ᾠκοδόμησεν ⸉αὐτοῦ τὴν οἰκίαν⸊ ἐπὶ τὴν
ἄμμον· 27 καὶ κατέβη ἡ βροχὴ καὶ ἦλθον οἱ ποταμοὶ καὶ
⸋ἔπνευσαν οἱ ἄνεμοι καὶ⸌ ⸀προσέκοψαν τῇ οἰκίᾳ ἐκείνῃ,
καὶ ἔπεσεν καὶ ἦν ἡ πτῶσις αὐτῆς μεγάλη⸆.
62 II 28 Καὶ ἐγένετο ὅτε ⸀ἐτέλεσεν ὁ Ἰησοῦς τοὺς λόγους
τούτους, ἐξεπλήσσοντο ⸂οἱ ὄχλοι⸃ ἐπὶ τῇ διδαχῇ αὐτοῦ·
29 ἦν γὰρ διδάσκων αὐτοὺς ὡς ἐξουσίαν ἔχων καὶ οὐχ ὡς
οἱ γραμματεῖς °αὐτῶν⸆.

도서출판 솔로몬

63 II 8 ⸀Καταβάντος δὲ αὐτοῦ ἀπὸ τοῦ ὄρους ἠκολούθησ

Using New Testament Greek in Ministry

A Practical Guide for Students and Pastors

by

David Alan Black

translated by

Kyoung-Jin Kim(Ph.D.)

Published by Baker Books

역자 서문

몇 해 동안 신학대학원에서 신학생들에게 헬라어를 가르치면서 느꼈던 남모르는 고충(苦衷)이 있었다. 아마도 학생들은 자기들만이 피해자(?)라고 생각했을지는 모른다. 그러나 가르치는 입장의 교수도 학생들의 고충의 방관자만은 될 수가 없었다.

대개는 대학에서 신학(神學)과는 무관한 학문을 전공한 후 불타는 소명감으로 입학한 신학생들에게 신학이란 학문을 제대로 시작하기 전에(입학 전 동계 수업) 만나게 되는 헬라어는 그야말로 거대한 공룡처럼 보였을는지 모른다. 물론 교회에서 목사님들의 설교에서 한 두 마디 얻어 들은 적은 있었겠지만, 우리들의 신앙의 근거가 되는 성경(신약)의 언어인 유서(由緖)깊은 헬라어를 직접 대하게 될 때 반가운 마음보다는 생소한 단어 및 문법체계로 인해 고민은 깊어가게 된다. 이런 까닭에 신학을 시작하면서부터 신학생들은 헬라어에 대한 무거운 부담감을 안고 출발하게 된다. 그리고 이런 부담감은 한 학기 내내 그들을 바쁘게 그리고 긴장감이 넘치도록 만든다. 사실 이런 일은 비단 역자가 속한 학교만의 특수한 상황은 아니라고 생각한다.

그런데 신학생들의 헬라어와의 교제(交際)는 입학 전 동계 수업과 한 학기 동안의 헬라어 원문 강독을 끝낸 후 본인들의 원함과 노력이 없으면 그것으로 끝나게 된다. 가르치는 교수의 입장에서 볼 때 이것은 너무도 아쉽고 안타까운 일이 아닐 수 없다. 어렵게 시작하여 이제 겨우 걸음마를 배웠건만 제대로 걷기도 전에 앞으로 나아가기를 포기하는 것은 참으로 안다까운 일인 것이다.

학생들이 차마 모르는 이런 고민을 품고 있던 중 만나게 된 데이빗 앨런 블랙 교수의 『설교자를 위한 신약석의 입문』은 역자의 이런 고민을 해결하여 주는 참으로 '기쁜 소식'이었다. 이 책의 본래의 타이틀은 「목회 사역에서 어떻게 헬라어를 활용할 수 있을까?」(Using New Testament Greek in Ministry)이다. 본서의 저자 역시 수 년간 신학교에서 헬라어를 가르치면서 나름대로 느꼈던 선생으로서의 고충을 해결하고자 이 책을 저술하였다고 적고 있다. 그리하여 헬라어에 대한 기본 지식을 갖고 있으되 이 지식을 목회 사역에서 어떻게 활용해야 할른지를 제대로 알지 못하는 목회자와 신학생들을 위한 실제적 지침서로써 이 책을 준비한 것이다. 이 책에는 헬라어 문법을 배운 목회자 및 신학생이 실제로 그들의 설교를 준비함에 있어서 어떻게 이를 적절하게 활용할 것인가에 대한 절차와 방법론을 매우 구체적으로 제시하고 있어, 헬라어 실력의 유지 및 향상에 도움이 될 뿐만이 아니라 실제로 강해 설교를 준비함에 있어서도 매우 유익한 도구가 되고 있다고 생각한다. 따라서 신학교에서 헬라어를 배운 모든 신학생들과 이제는 학교를 졸업한 후 목회 사역에 몰두하고 있으면서 본인들의 설교가 보다 더 성경적이고 보다 더 의미있고 깊이있게 되기를 기대하는 모든 목회자들이면 한 번 쯤 반드시 읽어야 할 줄로 믿어 의심치 않는다.

사실 많은 경우 설교자들의 헬라어 사용은 그저 본문에 나오는 주요 단어 한 두 개의 사전적 설명에 의존하는 경우가 적지 않다. 사전을 뒤적여 겨우 한 두개의 헬라어 단어를 설명하는 것은 헬라어 문법을 모르고도 얼마든지 가능한 일이다. 정녕 헬라어를 배웠다면 우선은 헬라어 문법을 동원하여 본문을 바르게 해석하는 일이 중요하다. 설교와 성경 공부에 있어서 한글 개역 성경만을 의존하는 것이 어떤 경우에 매우 불충분하다는 것을 설교자는 솔직히 인정해야 한다. 그 이유는 헬라어 원문과 다르게 번역되거나, 혹은 적절하게 번역되지 못한 부분이 한글 개역 성경에서 종종 발견되기 때문이다. 일례로 헬라어에서 중요하게 다뤄야 할 시제(時制)가 한글 성경에서는 종종 무시되는 경우가 적지 않다.[1] 본문의 의미가 제대로 파악된 연후에는 본문의 문장 구조 분석이 필요할 것이다. 이를 통하여 성경 저자가 강조하고자 하는 요점이 적절하게 드러나게 되는데, 이는 우리말 성경으로 심지어 영어 성경을 갖고도 구조 분석을 통한 요점 파악은 결코 수월치가 않기 때문이다.[2]

---

1) 마가복음 1장 12절 13절에서 우리말 성경은 시제의 구분이 없는 것처럼 보인다. 즉 모두 현재처럼 보인다. "성령이 곧 예수를 광야로 몰아내신지라. 광야에서 사십 일을 계셔서 사단에게 시험을 받으시며 들짐승과 함께 계시니 천사들이 수종들더라", 그러나 원문에 따르면 "몰아내신지라"는 현재이나, '수종들더라'는 미완료 과거이므로, 그 뜻은 '천사들이 계속하여 시험 중에 계신 예수님을 돕고 있었다'는 것이 된다. 헬라어 분문에 담겨진 이런 깊은 의미는 영어 성경에서도 발견되지 않는 독특한 것이다. 오로지 헬라어를 알고 읽는 자들만이 얻을 수 있는 '보화'인 것이다.

2) 예를 들면 마태복음 28장 19절에서 20절 상반절("그러므로 너희는 가서 모든 족속으로 제자를 삼아 아버지와 아들과 성령의 이름으로 세례를 주고 내가 너희에게 분부한 모든 것을 가르쳐 지키게 하라")은 한 문장으로 구성되어 있는데, 헬라어 원문에 따르면 이 문장의 강조점은 주동사 '제자를 삼으라'에 있다. 즉 이 문장에서 주동사가 '제자를 삼으라'이고, 나머지 동사들, '가서', '세례를 주고', '가르쳐'는 모두 분사로 되어 있다. 그런데 우리말 성경에 따르면 마치 주동사가 마지막에 나오는 '가르쳐 지키게 하라'처럼 보인다(원문에서 '지키게 하라'는 부정사로써 '지키도록 가르치면서'로 해석되어야 마땅하

헬라어를 가르치면서 어느 정도 헬라어가 제공하는 설교의 깊이의 차이를 아는 역자의 판단에 따르면, 모든 설교자는 반드시 헬라어를 통하여 설교의 본문을 읽고 이해한 것을 토대로하여 설교를 준비해야 한다고 믿는다. 우리들의 생활이 발달하고 진보할수록 우리에게 필요한 것은 각 분야의 전문가이다. 오늘날처럼 분화(分化)하고 다기(多技)화된 삶은 우리에게 전문가를 요구하는 것이다. 그렇다면 목사는 성경의 전문가로 부름받은 사람들이다. 성경의 전문가임에도 불구하고 목사가 성경의 바른 이해의 기초가 되는 성경 원어를 모른다면 전문가로서의 자격을 상실한 것과 다름이 없다고 하겠다. 그러므로 목사와 설교자는 자신의 영적인 성숙과 진보를 위해서만이 아니라 자신들이 책임지고 있는 양떼들의 영적인 건강과 성장을 위해서도 마땅히 원어로 성경을 이해하고 가르치는 위치에 서 있어야 마땅하다고 생각한다.

아무쪼록 블랙 박사의 이 책이, 할 일 많은 이 시대에 성경의 전문가로 부름받아, 하나님의 말씀을 사랑하는 모든 목회자와 신학생들에게 그들의 설교의 질(質)을 향상시켜주는 유용한 도구가 됨으로써, 적으나마 우리 모두가 사랑하는 한국교회의 발전과 성장에 도움이 될 수 있기를 바라는 마음 간절하다.

1997. 10. 16일

방배동 연구실에서

다). 바로 이런 것이 헬라어 본문의 바른 해석과 문장 구조 분석을 통하여 얻을 수 있는 혜택인 것이다.

목차

서 문

필자는 신약성경으로부터 메시지를 준비하는데 있어서 자신의 기술을 향상시키기를 원하는 모든 사람들을 위해서 이 책을 썼다. 필자는 이 책이 목회자들과 목회자 후보생들에게 유용한 도구가 되기를 희망한다. 필자의 주요한 관심은, 석의자들이 하나님을 영화롭게 하는 방식으로 그들의 헬라어 지식을 활용하도록 자극하는데 있다. 마찬가지로 중요한 것은, 신약성경을 정규적으로 설교하는 사람으로써, 필자는 교회의 부흥과 갱신을 보기를 갈망하고 있다. 왜냐하면 교회는－신학교가 아니라－세상에서 하나님이 제일 우선시하는 기관이기 때문이다. 신자들이 자라서 성숙한 신자들이 되고 효과적으로 기능하는 그리스도인들이 되어야 한다면, 그러면 목회자들과 교회의 다른 지도자들이 그 교인들을 위해서 성경 중심적인 메시지를 제공하는 것이 가장 중요하다. 아래에서 필자는 헬라어에 대한 지식이 그러한 과정에서 어떻게 의미 있는 역할을 할 수 있는지를 간결하고 분명하게 설명하려고 시도했다.

우리의 과제의 중요성을 과소평가해서는 안된다. 바울은 언젠가 디모데에게 편지하기를, “네가 진리의 말씀을 옳게 분변하며 부끄러울 것이 없는 일군으로 인정된 자로 자신을 하나님 앞에 드리기를 힘쓰라”(딤후 2:15)라고 했다. 디모데에게 요구되었던 것과 똑같은 근면이 오늘날 설교자들에게도 요구된다. 하나님의 말씀은 옳게 분별되어져야만 한다. 그렇지 않다면 분별되어서는 안된다.

만약에 당신이 헬라어를 기껏해야 1년 정도 공부했지만 그러나 설교에서 헬라어 지식을 (있다손치더라도) 거의 활용하지 않았다면, 이 책은 바로 당신을 위한 것이다. 만약에 당신이 지금 헬라어를 배우고 있다면, 이 책은 당신이 지금 배우고 있는 것과 설교와의 관련성을 알도록 도울 수 있을 것이다. 목회자든 학생이든, 필자의 기도는 당신이 하나님의 말씀에 대한 진실한 학생이 되려고 노력하는 것과 그리고 이 책「설교를 위한 신약석의 입문」이 설교에 보다 더 능숙한 사람이 되도록 당신을 돕고자 하는 것이다.

필자는 이 책이 출판될 수 있도록 도운 다음 분들에게 진심어린 감사를 표시하고 싶다:맨처음부터 이 기획을 믿어주신 베이커 출판사(Baker Book House)의 Allan Fisher와 Jim Weaver; 원고를 훌륭하게 편집해 주시고 그리고 참고문헌도 정리해주신 David Aiken; 수많은 방식으로 필자의 연구조사를 도와주신 바이올라대학(Biola University)의 도서관 직원들; 도서관 이용뿐 아니라 연구와 저술을 위해 며칠간 연구실을 사용하도록 해주신 The Prince of Peace 수도원의 Anselm 신부님과 신앙공동체; 기도로 필자와 함께 이 책의 짐을 나누어 가졌던 필자의 기도 동반자들인 Mike Adams와 Mike Quarry; 예배에서 필자의 창조적인 능력들을 사용하도록 허락하신 Granada Heights Friends Church의 교인들; 생활하고 일할 수 있는 따뜻한 환경을 마련해 준 필자의 아내 Becky와 아들 Nathan Alan과 Matthew David; 필자에게 더할 수 없는 기쁨을 가져다 준 필자의 헬라어 학생들.

약어표

AV	Authorized Version
BAGD	*A Greek-English Lexicon of the New Testament and Other Early Christian Literature,* by Walter Bauer, William F. Arndt, F. Wilbur Gingrich, and Frederick W. Danker
BDF	*A Greek Grammar of the New Testament and Other Early Christian Literature,* by Friedrich Blass, Albert Debrunner, and Robert W. Funk
GNT	*The Greek New Testament,* edited by Kurt Aland, Matthew Black, Carlo M. Martini, Bruce M. Metzger, and Allen Wikgren
ISBE	*The International Standard Bible Encyclopedia,* edited by Geoffrey W. Bromiley
JB	Jerusalem Bible
KJV	King James Version
LB	Living Bible
LXX	Septuagint
NASB	New American Standard Bible
NEB	New English Bible
NIDNTT	*The New International Dictionary of New Testament Theology,* edited by Colin Brown
NIV	New International Version

NRSV	New Revised Standard Version
RSV	Revised Standard Version
TDNT	*Theological Dictionary of the New Testament*, edited by Gerhard Kittel and Gerhard Friedrich
TEV	Today's English Version

제 1 장

목회자와 목회자의 헬라어 성경

목표의 확인

왜 이 책을 저술해야 했는가?

학생들은 끝 없는 수업시간을 참아내고, 어휘로 그들의 머리를 채우며 값비싼 책들로 책장을 넘치게 하고, 학기말 보고서들로 찌들리며, 그리고 학점 때문에 고민한다. 헬라어 학생들은 사실 결정된 운명을 사는 사람들이다. 아마도 가장 무감각한 관찰자 조차도 그들의 곤궁함에 동정할 것이다. 그러나 모든 과정이 끝나고 학위가 수여됐을 때, 이 모든 학문이 과연 무슨 소용이 있는가? 책상의 학문과 강단 사이의 그 엄청난 간격은 메꾸어질 수 있는 것일까? 아니면 잊어버리려고 줄달음치는 그 신비스런 과정은 피할 수 없는 과정인가?

1~2년 동안 헬라어를 성공적으로 공부한 목회자나 사역 중인 목회자 후보생에게는, 이러한 질문들은 단순히 이론적인 것이 아니다. 신학교 공부를 설교로 바꿀 때에 입게 되는 상처는, 전부는 아닐지라도, 대부분의 젊은 교역자들이 직면하는 아픔이다. 월터 카이저

(Walter Kaiser)는 석의방법론에 있어서 이를 "현재의 위기"라고 말하기까지 했다. 그 위기란, "대부분의 신학교나 또는 석의를 가르치는 성경연구반에서 개략적으로 제시된 석의 방법들과 대부분의 설교자들이 설교를 준비할 때 매주일 마주치는 냉혹한 현실들 사이에 있는" 간격(gap)이다.[1)]

문제는, 목회자가 마땅히 해야 할 일을 아무도 말할 수 없다는 것이 아니다; 거의 모든 사람들이 말할 수 있다-그리고 말하고 있다. 교회의 지도자나 교인들 모두, 원어인 헬라어에 대한 주의 깊은 석의에 근거해서 신약성경으로부터 메시지를 전달할 수 있는 능력을 갖춘 그런 사람을 기대한다. 그러나 목회자들 사이의 공통된 불만은, 신학교들이 학생이 교실을 떠날 때 석의에 대한 실제적인 지침을 제공하는데 있어서 너무 소홀히 했다는 것이다. 신학생들은 설교자와 교사로서 그들의 능력을 향상시키기 위해서 헬라어를 사용하는 방법을 아는데 있어서 더 많은 도움을 요구한다.

필자가 확신키로는, 이것은 정확한 평가이며 합당한 요구이다. 지난 수십 년간에 걸쳐서 출판된 헬라어 문헌의 대부분을 검토하면서, 필자는 헬라어 신약성경에 대한 지식이 어떻게 그리고 왜 목회 능력을 향상시킬 수 있는지를 다루고 있는 책이 매우 미미한 것에 대해 매우 당혹스러웠다. 성경 언어에 대한 뛰어난 능력이 목회의 긍정적인 요인으로 한결같이 인정되고 있지만, 그러나 젊은(그리고 그렇게 젊지 않은!) 목회자가 목회에서 헬라어를 사용하기 위한 실제적인 계획을 세우도록 돕는, 실용적이면서 최근의 정보를 담은 지침서(manual)는 아직 없다.

그것이 바로 필자가 이 책을 쓴 그 이유이다. 그 목적은 목회자

1) Walter C. Kaiser Jr., *Toward an Exegetical Theology:Biblical Exegesis for Preaching and Teaching* (Grand Rapids:Baker, 1981), p. 18.

가 목회에서 헬라어를 사용하도록 준비시키는 것이다. 당신은 당신의 필요나 또는 바램에 따라서 아무런 방식으로든지 원하는 대로 그 내용들을 이용할 수 있다. 헬라어 석의에 대한 간략한 개관을 원하는가? 제3장 "자신을 적응시키기"를 훑어보라. 왜냐하면 그 장은 원어 헬라어에 기초해서 신약성경 해석에 대한 기본적인 지침서로 기획되었기 때문이다. 당신의 개인 도서관을 위한 최상의 헬라어 노구들을 구입하는데 도움받기를 원하는가? 제2장 "책장에서 목회자의 손으로"를 펼쳐 보라. 그러면 당신이 찾고 있는 정보를 발견하게 될 것이라고 필자는 확신한다. 단어 연구의 적절한 단계에 대해서 궁금해하는가? 제4장 "석의적 기술의 계발"에서, 당신은 이러한 기본적인 언어의 구조들을 해독하는 것에 대한 근본적인 지침들을 발견하게 될 것이다. 본문에서 어떻게 설교로 옮기는지 그 방법을 알 필요가 있는가? 아니면 구문(syntax)을 분석할 필요가 있는가? 헬라어로 한 문장을 도해할 필요가 있는가? 아니면 성경 연구에 있어서 컴퓨터가 당신에게 어떻게 도움이 될 수 있는지를 알고 싶은가? 헬라어 신약성경을 가르친 수년 간의 경험으로부터, 필자는 각 영역에서 근본적인 지식들을 독자에게 제공하려고 시도했다.

물론 그 규모가 어떠하든지 또는 그 목표가 얼마나 크든지간에 헬라어의 실용적인 활용에 대해 한 권의 책에서 필자가 – 또는 다른 누구든지 – 제공할 수 있는 모든 것은 기본적인 요소들, 즉 이용 가능한 가장 정확한 지침들, 적합한 주제들의 선택, 그리고, 필자의 경우에는, (단순한 이론을 넘어선) 실용성에 대한 편중이다. 당신은 이 모든 것을 무엇이나 당신에게 적합하게 옮겨야 한다. 예를 들면 제4장에서, 당신은 어떤 헬라어 본문의 구조를 분석하기 위한 간단한 규칙들을 발견할 것이다. 그러나 당신은 설교를 준비할 때 이 기술을 얼마나 자주 사용할 것인지를 결정해야만 한다. 같은 장에서 당신은 당신이 선택한 본문에 나오는 문제들을 해결하는데 대한 도움을 발견할 것이다. 그러나 당신은 언제 이 권고를 따르는 것이 실용적인지를 결정해야만 한다. 우리 모두는 우리의 개인적인 삶과 목회에서 헬라어에 대한 어떤 정보를 얼마만큼 사용할 것인지를 스스로 결정해야만 한다.

물론 헬라어 신약성경에 대한 지식이 상당한 실용적인 가치가 있다고 이미 확신하고 있지 않다면 아마도 처음부터 당신은 이 책을 읽지 않을 것이다. 당신은 언젠가 원어로 신약성경을 공부하는 것에 대한 흥분과 보상을 발견했다. 함정은 바로 우리의 최상의 의도조차도 산만함과 분위기 때문에 약해질 수 있다는 것이다. 그러므로 설교에서 헬라어를 사용하기 위한 몇가지 기본적인 지침들을 살펴보기 전에, 우선 먼저 헬라어를 공부해야 하는 중요한 이유 몇가지를 검토해 보는 것이 좋을 것 같다.

왜 헬라어를 공부해야 하는가?

"[성경]언어에 열정적으로 매달리자… 그 언어들은 성령의 검을 담고 있는 칼집이다"라고 말한 사람은 바로 마틴 루터(Martin Luther)라고 불리운 설교자였다.[2] 성경언어에 대한 이러한 찬사가 복음주의 기독교의 인정받는 제1인자로부터 그리고 미국의 대각성운동의 독일판인 개신교 종교개혁의 심장으로부터 나오는 것은 결코 우연이 아니다. 성경언어에 대한 능력은 목회적 사역에 대한 기본적인 요구 조건으로써 오랫동안 인식되어져 왔다. 만일 어떤 사람이 히브

---

2) In an essay entitled "To the Councilmen of All Cities in Germany That They Establish and Maintain Christian Schools," in *Luther's Works*(ed. Jaroslav Pelikan and Helmut T. Lehmann; Philadelphia:Muhlenberg, 1962), vol. 45, pp. 359-60.

리어와 헬라어로 읽고, 그리고 어떤 의미에서는 그 언어로 생각지 않는다면, 그 누구도 가장 심오한 단계에 있는 성경의 의도된 의미를 이해할 수는 없다.

그러나 이상하게도 성경언어가 능력 있는 설교사역을 위해서 필수 불가결하다는 일반적인 합의는 있는 반면, 신학교 커리큘럼에서 성경언어의 위치에 대해서는 합의가 훨씬 적다. 예를 들면, 미국신학교 연합회(the American Association of Theological Schools)의 한 보고서는 미국의 신학교나 신학기관에서 성경언어의 연구에 대한 현저한 퇴조를 명시하고 있다. 그 보고서는, "성경언어가 아직 요구되고 있는 학교들에서조차도, 과거에 신학적 학문과 고전학문이 매우 밀접하게 연결되어 있을 때 획득했던 것보다 요구량이 계속해서 축소되어져 왔다"고 애석해 했다.[3] 그 연구는 목회를 준비하는 대부분의 신학생들이 성경 본문속에 감추어진 그 풍부함을 탐구하려고 거의 시작도 하지 않는다고 계속해서 지적했다. 그들은 비교적 단조롭고 따분한 평범함에 만족해 왔다.

헬라어 교육의 문제점들

이러한 현재의 상황은 하룻밤 사이에 생겨난 것은 아니며, 수십년 동안 발전해 온 다양한 요인들의 결과이다. 여기서 이러한 요인들을 주목하는 것은 이 책에서 취하고 있는 일반적인 접근 방식에 기본이 되는 어떤 문제들을 밝히는 데 도움이 될 것이다.

우선 첫째로, 성경언어 교육에 대한 현재의 불만(malaise)은,

---

3) H. Richard Niebuhr, Daniel D. Williams, and James M. Gustafson, *The Advancement of Theological Education*(New York:Harper, 1957), pp. 92-93.

최소한 부분적으로는 성경언어 교육이 이해(*understanding*)를 무시하고 내용(*content*)에 주도되는 경향이 있다는 사실에 기인한다. 헬라어 교육에 있어서 전통적인 강조들은 지나치게 이론적이고, 지적이며, 심지어는 난해하기조차 했다. 학생들은 때때로 교부 성 어거스틴이 그의 헬라어 선생에 대해서 느꼈던 불평을 체험한다. 그는 불평하기를, "외국어를 배우는 그 고된 일은 헬라어 변화표의 그 모든 달콤함에 쓰디쓴 맛을 뿌려 놓았다. 나는 그 언어의 한 단어도 알지 못한다: 그리고 나는 배우라는 위협과 야만적인 처벌로 내몰렸다"라고 말한다.[4] 이 말은 물론 과장이다; 그러나 필자는 오늘날 많은 신학교 학생들이 어거스틴의 불평을 흉내내고 있을 것으로 생각한다.

헬라어에 대한 지나치게 지적인 접근 방식을 비판하는데 있어서, 필자는 물론 성경언어 연구의 필요성에 의문을 제기하는 것은 아니다. 하나님의 말씀에 대한 열정으로 심장이 고동치는 신학생이나 목회자는, 외견상으로는 끝이 없는 것 같은 단어와 변화표의 목록들 때문에 생겨나는 그 불가피한 고된 일을 기꺼이 견뎌 낸다. 그러나 변화표와 문법의 주요 부분들에 대한 거의 대부분의 헌신적인 제자들이 "이 모든 것이 무슨 유익이 있는가? 이것이 목회자로서의 우리를 어떻게 도울 것인가?"라고 질문하는 때가 온다. 이러한 질문들은 어리석은 것도 아는 체 하는 것도 아니다. 갓 부임한 히브리어 강사들이 때때로 그들의 박사과정 세미나의 노트를 강의 시간에 읽고 있는 것과 마찬가지로, 아주 종종 헬라어 선생들도 그들의 신학교 수업을 그들의 박사과정 연구를 반복하는 것으로 바꾸려고 시도한다. 어떤 선생도 그들의 학생들의 필요와 능력에 대해 충분히 생각해 보지 않았다—그들은 그들의 강의를 그들 자신에게 지적으로 실행가능한 것으로 만들려고 너무 열심히 노력한다. 그리고 이러한 유독한 뿌리에서,

4) *Confessions* § 1:14.

마땅히 유쾌한 정원이 되어야할 것을 독으로 가득찬 황야로 만들어버리는 수많은 유독성 식물들이 자라난다.

교수법에 있어서의 이러한 위기는 대개는 신학교와 학문연구기관 사이의 연합으로부터 비롯된다. 신학교 교수들은, 학문적인 발표의 요구와 교회의 가치 사이에서 함정에 빠져서, 대개는 학문연구기관(academy)을 만족시키려는 경향을 보여 왔다. 그 결과 신학교들은 때때로, 신약성경을 과학적 조사의 대상물로 축소시키고, 헬라어를 학문적인 수업 과제로 떨어뜨리고, 그리고 헬라어 신약성경을 그 삶을 변화시키는 능력과는 거의 또는 전혀 상관이 없는 정보를 담은 자료책으로 제한하는 — 물론 모두 지역 교회를 손상시키는 것들이다 — 그러한 헬라어 교육에 대한 접근 방식을 감내해야 했다.

감사하게도, 이러한 발전은 전혀 돌이킬 수 없는 것은 아니다. 사실 오늘날, 헬라어 선생들이 그들의 방법론을 수정하고, 목회를 준비하는 학생들에게 도움이 되도록 그들의 강의 내용을 만들고, 그리고 학문연구 준비와 실제적인 훈련 사이에 있는 거짓된 이분법을 교정할 필요성을 그 어느 때보다도 더 잘 인식하고 있다는 징후들이 있다. 헬라어 선생이 강의실에 들어가도록 요구받는 것은 강요하기 위해서가 아니라 오히려 도전하고, 자극하고, 그리고 영감을 불어넣기 위해서이다. 그러한 배경에서 선생은 자유롭게 협력자와 안내자가 될 수 있고, 그리고 학생은 자유롭게 언어 공부를 매우 실제적인 목적을 위한 실제적인 수단으로 간주할 수 있다. 또한 많은 교육자들은, 성경언어 훈련을 "봉사의 일"(엡 4:12)과 관련시키는 것이 신학교에서 충분하게 이뤄지지 않았다는데 동의한다. 강의실과 강단 사이의 이러한 간격을 연결하려고 시도하는 책의 숫자는 손가락으로 셀 수 있을 정도이다. 헬라어 선생들이 교육자적 태도를 회복하고 그리고 목회후보생 훈련에의 그들의 현저한 기여에 대한 비전과 초점을 복구할 필요가 있다는 것은 오늘날 너무도 명백하다.

두번째로, 성경언어 교육에 있어서의 현재의 퇴조는 아마도 전통적인 석의 과목을 뒤덮고 있는 엄청난 양의 자료로부터 기인한다고 말할 수 있다. 강둑을 자기 손가락으로 막은 네덜란드의 소년처럼, 헬라어 학생들은 저기 둑 밖에 있는 "그 온통 거친 바다"를 두려워한다. 헬라어는 일생의 작업 목표이며, 전공자에게조차도 끊임없이 향상되는 새로운 개념들에 뒤쳐지지 않기 위해서 부단한 노력을 요구한다. 헬라어가 학자들에게도 이러한 도전이라면, 신학교의 수많은 학생들이 헬라어에 대한 그들의 싹트는 관심을 조용히 포기하려 하거나 또는 헬라어 이외의 다른 과목을 수강하려는 유혹을 받는 것은 놀랄만한 일이 아니다.

이것은 쉽게 해결할 수 있는 문제가 아니다. 어떤 건전한 교육가는, 성경언어는 "훌륭한 학문"이지만, 그러나 히브리어와 헬라어의 유익은 엄청난 언어적인 세부사항들로 쉽게 뒤덮여지고 만다는데 동의한다. 더우기 신학생이 삶의 바쁜 시장터에 일단 들어서기만 하면, 강조점은 준비로부터 적용으로 극적으로 전환되고 만다. 성경언어에 대한 본질적인 것은 단지 지금 문제가 되고 있지만, 그러나 "그 본질적인 것들" 조차도 정의하기 어려우며 보존하기는 더더욱 어렵다. 이 문법의 정글에서 필요한 것은 도로지도－헬라어의 실제적 사용을 돕도록 고안된 형태로 석의에 대한 가장 기본적인 도구들과 원리들을 제시한 것－이다. 도로지도는, 우리가 스스로 상세히 탐구하기를 원하는 지역들로 우리를 안내하는 동시에 상황에 대한 전체적인 조망을 우리에게 제공한다. 헬라어 석의에 대한 안내서는 동일한 기능을 해야하지만, 그러나 기존의 교재는 너무나 상세하기 때문에 이러한 방식으로 기능할 수가 없다.

헬라어 교육에 대한 필자의 세번째 관심은 앞의 두가지의 당연한 결과이다. 많은 학생들이 헬라어를 배우는 이론적이고 학문적인 방식은 신학교 교육의 가장 중요한 목적－하나님의 말씀에 대한 주석적 설교자들을 준비시키는 것－이라고 필자가 생각하는 것에는 거의 아무런 기여도 하지 않는다. 너무나 오랫동안 정신(석의)과 마음(설교)은 상대방에게 "나는 네가 필요없다"(고전 12:21)고 말하기 일쑤였다. 신학교 교수들은 종종 헬라어를 가르치는 그들의 책임이 문법적인 설명으로 끝나고 마는 것을 느낀다. 그들은 분명히 그들 학생중 얼마는 석의와 설교 사이의 간격을 이을 것이라고 믿는다. 필자는, 그들이 생각하기에 적용은 자동적으로 뒤따르는 것이기 때문에 일부러 헬라어의 적용을 지적하기를 회피하는 몇몇 선생들도 알고 있다. 더우기, 적용은 설교를 그 궁극적 목표로 가지고 있는 석의 과정의 명백한 정점(頂点)임에도 불구하고 거의 대부분의 석의 방법론 교재들이 석의의 이 단계까지 다루지 않고 있다.

삶을 변화시키라고 하나님이 주신 책이 가장 존경받고 가장 잘 알려진 바로 그런 곳들에서 가르쳐질 때 그렇게 비생산적인 것 같다니 도대체 어떻게 된 일인가? 라고 사람들은 생각한다. 그 대답은, 최소한 부분적으로는, 아마도 의미있는 적용의 부재(不在)에 있다. "적용"이라고 할 때 필자는, 헬라어 신약성경의 지식이 어떻게 행동으로 옮겨질 수 있는지를 구체적으로 설명하고 그리고 학생들로 하여금 그러한 전이(轉移)를 개인적으로 만들도록 촉구하는 그러한, 본문과 현실과의 관련성의 대화의 과정에 대해서 언급하고 있는 것이다. 헬라어 교육을 둘러싸고 있는 철학의 책임은, 학생들이 어떻게 어떤 특수한 방식으로 본문의 관련성(적절성)을 발견하고 전달할 수 있는 지를 그리고 그들이 어떻게 그러한 의미에 대한 반응을 요구할 수 있는 지를 보여주는 것이 되어야만 한다. 이 두 요소－관련성과 응답－중의 어느 하나라도 배제하는 것은, 헬라어가 사람의 개인적이고 영적인 성장에 또는 그의 목회적 능력에 기여하는 것이 불가능하다고 잘못 암시하는 것이 된다.

성경언어 교육에 대한 현재의 불만의 세번째 요소는 의심할 것도 없이 교육에 있어서 주관주의에 대한 경향의 증가이다. 앨런 블룸(Allan Bloom)이 날카롭게 관찰한 것처럼, "교수가 절대적으로 확신할 수 있는 단 한 가지가 있다: 대학교에 입학하는 거의 모든 학생이, 자기는 진리가 상대적이라고 믿는다고 믿거나 또는 말한다는 것이다."[5] 불행하게도 신학교들이 이러한 형태의 주관주의의 치명적인 영향에 대해 면역성을 가지지 못해 왔다. 수많은 신학교나 신학기관들에서 객관적 진리의 해석에 대한 관심으로부터 진리의 주관적 응용 가능성에 대한 관심으로의 미묘한 전환이 있는 것 같다. 만약에 진리가 상대적이라면 왜 그것을 추구하는가?—특히 이것이 진리를 추구하기 위해서 히브리어와 헬라어를 배워야만 한다는 것을 의미하는 것이라면. 이러한 사고 방식의 한 결과는, 신학교육의 중요한 한 국면으로서의 석의가 이제는 때때로 기술지향적인 프로그램들에 의해 가려지고 있다는 것이다. 앞서 언급한 미국신학교 연합회의 보고서에 명시되어 있는 것처럼 과거 세대의 신학교 교과과정들은 석의과목들의 끊임없는 폐지를 보여준다. 성경언어와 석의과목들의 이러한 폐지는, 성경원어에 대한 연구가 미국 신학교육에서 곧 과거의 유물이 되어 버릴 수도 있다는 것을 암시한다.

헬라어 교육의 원리들

필자가 이 문제들과 씨름할 때, 전에 이러한 교육학적인 "죄"를 범한 적이 있었는지 자문해 보았다. 사실은 그런 적이 있었다는 것이다. 정직하게 말하자면, 교육이론에 관해서 말하고 있는 데이브 블랙

5) Allan Bloom, *The Closing of the American Mind*(New York:Simon & Schuster, 1987), p. 25.

(Dave Black＝필자)은 어느 정도는 화재안전에 관해서 말하는 네로와 같다. 그러나 필자는 수년 동안 계속해서 다음과 같은 질문을 해왔다: "학생들이 그들의 헬라어에 대한 지식을 보다 더 효과적으로 사용하도록 도울려면 내가 어떤 실제적인 동기부여를 제공할 수 있을까?" 이 질문에 관해서 생각했을 때 신약성경 헬라어 교육에 새로운 통찰력과 신선한 접근 방법이 머리 속에 떠오르기 시작했나. 이윽고 필자는 기본적인 세가지 결론에 도달했다.

첫째로, 필자는 헬라어 교육의 기본 목적은 그리스도의 몸인 교회에 대한 봉사라는 것을 알게 되었다. 신약성경 헬라어에 대한 훈련은 신학교 교과과정에서 매우 중요한 부분이 될 수 있지만 그러나 그것은 우선 첫째로는 이러한 행위를 가치 있게 만드는 종의 마음－하나님에 대한 그리고 하나님의 백성에 대한 사랑－이다. 필자는, 그리스도와 그의 백성에 대한 이러한 헌신의 마음이 존재하는 곳에서는 어디서나 헬라어(그리고 히브리어)에 대한 설교와 및 다른 적용들이 자연스럽게 흘러나온다고 하는 것을 반복해서 계속 발견했다. 옛 스코틀랜드의 속담은 그것을 아름답게 묘사한다: "헬리어와 히브리어와 그리고 라틴어 이 모두는 각각 자기의 고유한 자리가 있다. 그러나 그 자리는 빌라도가 그것들을[6] 두었던 십자가의 머리말이 아니라 그리스도를 겸손히 섬기는 자리인 십자가의 발치이다." 조금 구체적으로 표현하자면, 신학교 교육의 성공은, 우리가 얼마나 많은 문법과 이론을 학생들의 머리에 쑤셔 넣으려고 했느냐의 견지에서가 아니라, 자기의 최선의 능력을 다해서 하나님과 다른 사람들을 섬기는데 헌신하는 그러한 성숙한 사람들을 우리가 길러냈느냐 못냈느냐의 견지에서 측정되어져야 한다.

이 마지막 말은 성경적 지식에 대한 필요성을 부정한다는 의미는

---

6) 헬라어, 히브리어, 라틴어로 된 예수님의 죄패, "유태인의 왕"(요 19:20).

아니다. 효과적인 설교의 본질은 지나치게 단순화시키지 않으면서도 단순화하는 능력이다. 이것은 깊이 있고 심오한 단계에 대한 이해를 요구한다. R. C. 스프라울(R. C. Sproul)은 언젠가, 위대한 설교자들은 빙산과 같다－그들은 거기 실제로 있는 것의 약 10% 정도만을 표면에 드러낸다－고 말했다. 그러한 깊이는 언제나 자기의 주제에 대한 정확하고 적절한 지식에 근거하고 있다. 그러나 지식 그 자체는 신학교 교육의 출발점도 목표도 아니다. 참된 교육이란 지식을 선하게 이용하는 것에 대한 철저한 헌신에 뿌리박고 있다. 이것은 힘겨운 도전일 수 있지만 그러나 그것은 완전한 목회에 대한 관건(the key)이다. 그보다 낮은 어떤 것에 안주하는 것은 단지, 지혜보다는 학위를, 섬김에 대한 준비보다는 칭찬을 원하는 그러한 학생들의 교만을 만족시키는 것이다.

둘째로, 필자는, 신약성경 헬라어에 대한 지식이 영적 갱신의 잠재적인 원천이라는 것을 재발견했다. 필자는, 헬라어 교육의 목표가 교수 방법이나 또는 석의 문제들에 대한 풀이보다 너무 높게 잡혀져 있었다는 것을 알게 되었다. 이러한 목표들이 중요하긴 하지만, 가르치는데 있어서 필자의 주요한 관심은 목회자와 회중 둘다의 영적인 성장이 되었다.

헬라어가 영적인 능력의 잠재적 원천이라는 이러한 발견은 여러 번 있었다. 스위스 바젤에서 학생으로 있을때, 필자는, 에라스무스가 1516년에 바젤에서 헬라어 신약성경을 출판했을 때 유럽 전역에 큰 소동이 빚어졌었다는 것을 알게 되었다. 부패했거나 또는 영적으로 무감각한 삶을 살았던 사람들 중에서 항의가 가장 거세게 터져나왔다. 『에라스무스의 생애와 서신들』 (*Life and Letters of Erasmus*)라는 그의 저서에서, J. A. 프라우드(J. A. Froude)는 헬라어 신약성경이 출판되었을 때 야기된 그 영적인 지진을 다음과 같이 묘사한다:

> 어떤 책도 그보다 더 열광적으로 판매되어본 적은 한번도 없었다. 프랑스에서만도 십만권의 책이 순식간에 팔려 나갔다. 블레셋 사람의 곡식 밭에서 삼손의 여우들 뒤로 불길이 번져나가는 것처럼 불길이 번져 나갔다. 목사의 피부는 오랜 부도덕으로 물러져 있었다. 그들은 설교단과 강단에서 비명을 질러댔고, 그들의 외침 소리는 유럽을 울렸다.[7]

오늘날 많은 사람들은, 에라스무스의 헬라어 신약성경을 통해서 말씀하신 하나님이 민감한 마음을 가진 사람들에게 여전히 말씀하고 계시다는 것을 발견하고 있다. 원전을 읽는 것은 과거의 사건들의 단순한 반복이 아니다. 오히려 그것은, 본문의 그리고 그것의 진리들을 우리의 삶에 적용시키는 것의 능력 및 효과와 접촉하도록 우리를 인도하는 하나님의 수단의 일부이다. 이러한 종류의 능력으로 가득차 있는 성경은 수동적으로 받아들여질 수는 없다. 달리 말해서, 헬라어는 그 자체를 위해서 존재하는 것은 아니다. 그것은 단지 교화(edification)를 위한 도구로써만 존재한다. 만일에 그것이 배움의 선낭에 머무는 데만 만족한다면, 그것은 그 예언적 성격을 상실한 것이며, 그리고 그와 함께 그 본래의 모습을 상실한 것이다.

마지막으로, 헬라어 교육이 어떤 의미가 있는 것은 단지 그리스도에 대한 개인적인 헌신에 대한 이러한 깨달음과 교회에서의 영적인 갱신에 대한 이러한 헌신으로부터였다는 것을 필자는 알게 되었다. 설교자로서의 우리의 목적이 하나님께서 그의 백성의 영적인 성장을 위해서 이제까지 말씀하신 것을 이해하고 선포하는 것이라면, 그리고 하나님이 헬라어로 자신을 나타내시기를 기뻐하셨다면, 그렇다면 신

7) J. A. Froude, *Life and Letters of Erasmus* (New York: Scribner/London: Longmans, Green, 1894), p. 127.

약성경 헬라어에 대한 지식은 사치스러운 것으로 여겨질 것이 아니라 명령으로 여겨져야 한다.

"그러나 영어 번역의 정확성과 충분함에 대해서는 어떠한가?" 라는 질문을 필자는 그동안 헤아릴 수 없을 정도로 많이 해왔으며, 그리고 그 대답은 언제나 동일하다. 왜냐하면 성경은－어느 언어든지－신자가 그의 실제적인 필요를 위해 충분한 것을 이해하기에는 전혀 부족함이 없다는 것은 분명한 사실이긴 하지만, 진리를 탐구하려고 노력을 기울이는 사람들이 그들의 수고에 상응하는 보답을 받게 될 것이라는 것도 또한 사실이기 때문이다. 성경이 세상에서 가장 중요한 책이라고 믿는 그러한 진지한 목회자는 "평균적인" 이해 그 이상의 어떤 것을 원하며, 특히 그 목회자가 그 진리를 다른 사람에게 가르칠 수 있기를 원한다면 더욱 그러하다.

설교자가 복잡한 헬라어를 이해할 필요성을 가장 분명하게 알게 되는 것은 하나님의 말씀에 대한 진리를 다른 사람들에게 나누어 주려고 하는 바로 이러한 맥락에서이다. 전문가들은 언제나 그들의 의뢰인들보다 더 잘 알고 있어야만 한다. 자동차 운전자는 복잡한 내부 연소과정을 이해할 필요가 없지만, 그러나 기술자는 알고 있어야 한다. 의사는 환자가 할 수 있는 것보다 훨씬 더 정확하게 환자의 문제를 진단할 수 있어야만 한다. 그렇다면 교회가 성경의 해석자들에게 성경 원전으로부터 실제적인 도움과 설명을 이끌어내기를 기대하는 것이 불합리한 것일까?

다른 편을 잠깐 생각해 보라. 헬라어를 모르는 목회자들은 그들의 생각을 어쩔 수 없이 다른 사람으로부터 빌려와야 한다. 목회자들은 주석가들의 노예이지만, 그러나 그들의 정확성을 점검할 아무런 수단도 가지고 있지 않다. 가장 훌륭한 해석의 도구는 그들의 능력 밖에 있다. 그들이 사용하는 영어 번역조차도 완전히 신뢰할 만한 것은 아니다. 가장 심각한 문제는 헬라어에 대한 철저한 훈련이 없어도 목회자들은, 잘못된 해석에 근거해서 그들이 그들 자신의 무지를 하나님의 이름으로 전달하는 것을 발견할 수도 있다는 것이다.

반복한다: 필자는 헬라어 그 자체에 대한 지식을 주장하는 것이 아니다. 헬라어는 에드먼드 힐러리(Edmund Hillary)의 에베레스트 산처럼 –"그것이 거기 있기 때문에"– 가르쳐져서는 안된다. 그러나 바로 그러한 이유 때문에 그것은 무시되어질 수 없다. 헬라어는 가장 분명하게 "거기에" 있으며, 그리고 어떤 설교자도 헬라어에 대한 광범위한 지식이 없이는 학식이 있는 전문가라고 불릴 수 없는 것이다.

그리스도인의 양육을 위한 헬라어 사용 지침들

그러므로 헬라어를 공부하는데 있어서 우리의 목표는 그리스도를 섬기고 그의 몸을 세우기 위해서 우리의 지식을 활용하는 것이다. 헬라어 석의의 목적이 지식을 알려주는 것 뿐만 아니라 선포되어지는 하나님의 말씀을 납득시키고 그 하나님에 대한 적합한 응답을 불러일으키기 위함이라는 것은 아무리 강조하고 아무리 자주 말한다고 할지라도 결코 지나치지 않다. 이러한 응답은 회개, 믿음, 순종, 사랑, 열정, 그리고 수많은 다른 덕목들로 이루어질 것이지만, 그러나 그것은 결코 지식을 묵혀 두는 것으로 이루어지지는 않을 것이다. 이러한 확신이 너무 협소하거나 또는 실용성 일변도라는 비난을 야기한다면 필자는 그것을 감수해야만 한다; 그러나 필자는 신약성경이 석의를 위하여 어떠한 더 낮은 어떤 목적을 용인하리라고는 생각지 않는다. 이 책에서 뒤따라 나오는 연구들은, 필자가 믿기로는, 이 문제를 분명히 밝혀줄 것이다.

그러나 우리는 어떻게 우리의 과제를 풀어나가야 하는가? 물론 많은 기도와 성령의 도우심을 통해서이다. 그러나 현명한 목회자는 몇가지 일반적인 원리들을 따르는 것을 꺼려하지 않는다. 복잡한 문제들을 과도하게 단순화시킬 위험성을 무릅쓰면서, 필자는 당신이 목회에서 헬라어를 활용하기 위해서 준비할 때 고려해야 할 세가지 지침들을 제시하고자 한다.

첫째로, 하나님의 말씀의 의미를 파악하기 위해서는 고통없는 방법이란 없다는 것을 명심하라. 어떤 사람들이 무어라고 말하든지 간에, 헬라어 석의에 대해 마술적인 것은 아무 것도 없다. 석의적 보조도구들은 우리의 일을 더 단순하게 만들 수는 있지만, 그러나 진지한 성경 연구는 시간과 노력을 요구한다. 성령이 조명하시는 목회에서조차도 신약성경은 이해하기 어려운 것인데, 왜냐하면 그 안에서 하나님께서 그의 무한하신 지혜를 우리에게 전달하시기 때문이다. 위대한 신앙의 선배들은 그 성경의 연구에 일생을 헌신했지만, 그러나 그들은 마치 끝없는 대양의 해변가에서 걷고 있는 것처럼 느낄 뿐이었다.

물론 기독교의 위대한 역설은, 성경은 그것을 진지하게 받아들이는 누구에게든지 "열려 있는 책"이라는 것이다. 사실 본문에 대한 자기 자신의 부지런한 연구로부터 얻게 되는 유익들을 대체할 수 있는 것은 아무 것도 없다. 그러나 이러한 유익들은 상당한 정도의 조산술(midwifery)이 없이는 나오지 않는다. 우리는 성경학자들이 성취해 놓은 이해의 최고 정점에는 결코 도달할 수 없을지도 모르지만, 그러나 우리가 열심히 노력한다면 반드시 결과를 수확하게 될 것이다. 시편 저자는 3천년 전에 이러한 원리를 깨닫고 있었다(시 126:6):

울며 씨를 뿌리러 가는 자는
정녕 기쁨으로 그 단을 가지고 돌아오리로다.

둘째로, 신약성경으로부터 설교하는 우리들은 목회에서 헬라어를 사용할 때 생겨날 수 있는 영적인 교만의 유혹에 대해서 예리하게 인식하고 있어야 한다. 아마도 언어 공부에 있어서 가장 큰 위험은 헬라어 그 자체에 집중시키는 것이다. 그렇게 되면 공부에서든지 강단에서든지, 그것은 그리스도가 아니라 그 자체를 슬며시 내밀기 시작한다. 목회자들 사이에서 이러한 식의 헬라어의 남용을 더욱 더 보게 되는 것은 괴로운 일이다. "생명의 말씀을 밝히는"(빌 2:16) 대신에, 그들은 그들 자신과 그들의 지식을 내보인다. 그들의 강단은 성경이 가르쳐지는 장소가 되지만, 또한 "피조물을 조물주보다 더 경배"(롬 1:25)하는 장소가 된다.

지식은 그렇게 쉽사리 교만을 섬기기 때문에(고전 8:1), 필자는 대체로 학생들에게 그들이 강단에 올라갈 때는 헬라어를 모두 밑에다 버려두고 올라가라고 권고한다. 필자가 아는 한 가장 유능한 목회자들은 작업장에서의 먼지와 부스러기를 버리는 것을 원칙으로 삼고 있다. 그들은, 무언가를 "증명"하기 위해서 헬라어를 사용하는 사람들에 의해서 상당한 손해가 끼쳐질 수 있다는 것을 알고 있다. 여기서 우리는 광신자들(=이단)로부터 한 교훈을 배울 수 있는데, 그들은 성경에 대한 정통 해석들이 틀렸다는 것을 "증명"하기 위해서 원어에 호소함으로써 성경에 대한 자신들의 "뛰어난" 지식을 과시하기를 좋아한다. 사실은, 대부분의 이단에 속한 신자들이 (있다손치더라도) 히브리어와 헬라어에 대한 피상적인 지식만을 단지 가지고 있을 뿐이라는 것이다. 그와는 반대로, 책임있는 설교는, 진리란 결코 단지 헬라어 단어나 또는 문법에 근거해서 그럭저럭 해결되거나 증명되지는 않는다는 것을 인식하고 있다. 그것이 얼마나 재기발랄하고 설득력이 있든지간에, 문법과는 상관없이 헬라어를 단순히 지껄여대는 설교자는 이 점을 전혀 이해하지 못하고 있다.

그러나 아마도 설교에 있어서 기술적인 전문용어가 그렇게 크게 손상을 끼치는 가장 큰 이유는, 그것이 설교자로 하여금 석의의 주요 목적－하나님의 말씀의 의미를 가능한 한 분명하게 전달하는 것－을 놓치게 만들기 때문이다. 설교자들은 유감스럽게도 그들의 심오한 석의적 능력으로 사람들을 감동시키려고 노력하기 일쑤이다. 교육을 많이 받을수록 그 위험은 더 크다. 그러나 실상은, 사람들은 분사들과 전치사들로는 감동을 받지 않는다는 것이다. 그들은 「단순과거 수동태 명령법」에는 전혀 관심조차 없다. 사람들은 그들의 세상에 닻을 내리고 있는 설교, 즉 "여기에 본문이 말하는 것이 있다. 그리고 이것이 본문이 우리에게 행하도록 요구하고 있는 것이다"라고 말하는 설교를 원한다. 석의자들은 헬라어 신약성경이 그 당시의 일상 언어로 쓰여졌다는 것을 결코 잊어서는 안된다. 그 호소는 거리의 사람들에게 향한 것이었다. 왜냐하면 헬라어 신약성경은 분명히 그들이 이해하는 언어로 말해졌기 때문이다.

그리고 그것은 우리에게도 그래야만 한다. 예수 그리스도가 우리의 강단에서 역동적으로 두드러져야 한다는 것은 필수적이다. 헬라어 지식을 분명하게 드러나도록 만드는 것은, 그것이 일반 민중의 말일지라도, 세속적이다. 헬라어 전문가인 A. T. 로벗슨(A. T. Robertson)은 그것을 가장 잘 표현했다: "학문에 대한 어떤 과시나 진열도 요구되지 않는다. 과정이 아니라 결과가 강단에 적합하다. 비신학적인 청중은 설교가 진짜로 노력한 것의 결과일 때 언제나 그것을 감지할 수 있다. 만족감은 여전히 결과에 있다."[8]

필자의 마지막 제안은 매우 실제적인 것이며, 목회자들 중에서 현재 헬라어를 공부하고 있는 사람들을 우선적으로 위한 것이다. 목회에서 신약성경 헬라어를 성공적으로 사용하기 위한 목회자의 기회는 목회자가 공부하는 상황을 맡게 되면 크게 향상되어진다. 실제적

---

8) A. T. Robertson, *The Minister and His Greek New Testament* (New York: Doran, 1923; repr. Grand Rapids: Baker, 1977), pp. 82-83.

인 목표를 정하는 것은, 적당한 언어학습 프로그램을 선택하는 것을 돕거나(아직 그렇게 하지 않았다면), 또는 이미 선택한 프로그램의 유익을 명확히 하는 것을 도울 것이다. 교실의 목표들이 자기 자신의 목표들을 통해서 여과되지 않는다면, 그것들은 단순히 책에 있는 과들(lessons)로, 수업에서 소비된 시간들로, 그리고 실제 삶에는 아무런 적용도 없는 필기 과제의 페이지들로 남게 될 것이다. 마음 속에 목표들을 분명히 가지는 것은 또한 가장 적합한 교재들과 유용한 도구들을 선택하는 것을 돕는다. 마지막으로 자기 자신에게 실제적인 목표들을 결정함으로써 목회자는 자신의 동기와 관심을 보다 쉽게 유지할 수 있다.

언어학습에 있어서 목표를 정하는 것을 돕기 위해서, 미 국무성의 재외공관근무 연구소(The Foreign Service Institute of the United States Department of State)와 공인시험 출판사인 ETS (The Educational Testing Service)가 사용하고 있는 시스템을 검토해 보자. 당신의 바램과 필요에 따라 당신은 다음의 숙련도의 단계들 중 하나를 목표로 정하기를 원할 것이다. 이 단계들은 R-단계라고 불린다(R은 “reading”).

R-1(Elementary Proficiency, 초급 단계). 제1단계는 단지 가장 평범한 단어들과 문법적 구문들을 포함하고 있는 가장 간단한 산문을 읽을 수 있는 단계이다. 예상은 학생이 기초교재에 있는 번역 과제보다 훨씬 더 어려운 자료를 읽을 수 없을 것이라는 것이다. 사전에 대한 과도한 의존은 평범한 것이다. 당신이 당신의 필요를 분명히 할 때 이 단계가 그것들을 만족시킨다면, 그러면 헬라어 철자를 숙달하고 그리고 기초 헬라어 학습교재 중 몇 개의 활용법을 배우는 것이 아마도 다른 중급의 문법 강의를 수강하는 것보다 더 도움이 될 것이다. 확실히 진지한 평신도는 이 단계의 숙련도를 성취할 수 있다.

R-2(Limited Working Proficiency, 중급 단계). 제2단계는

많은 평범한 단어들과 기본 문형들을 포함하고 있는 복잡하지는 않지만 그러나 정식 산문을 읽을 수 있는 단계이다. 보다 더 어려운 문장은 사전에 빈번하게 의존하게 될 것이다. 이 단계의 숙련도를 성취하기 위해서는, 학생은 R-1보다 더 많은 문법과 더 많은 어휘와 더 많은 노력이 필요하다.

R-3(Professional Proficiency, 상급 단계). 제3단계는 표준적이지만 복잡하지는 않은 산문의 요점을 사전없이 파악할 수 있는 단계이다. 만약에 당신이 이 단계를 목표로 잡는다면, 당신은 신약성경에서 사용된 특수한 어휘와 스스로 익숙해지는 것을 분명히 해야한다. 이 때 훌륭한 헬라어 사전을 사는 것도 또한 좋은 생각이다.

R-4(Full Proficiency, 최상급 단계). 마지막 단계는 그 외국어로 된 어떤 것이든지 사전없이 읽을 수 있다. 이 단계의 숙련도를 획득하기 위해서는 그 언어로 가능한 한 많이 읽어야만 한다. 아주 많은 양의 어휘가 이 단계의 문을 여는 열쇠이다. 대체적으로 극소수의 사람들만이 – 헬라어 선생들을 포함해서 – 그러한 높은 단계를 성취할 수 있다. 그러나 야망이 있다면 추구해 볼만한 목표이다.

만약에 당신이 원하거나 또는 성취할 필요가 있는 단계를 분명히 할 수 있다면, 당신은 당신의 노력을 더 잘 집중할 수 있을 것이다. 당신은 또한 당신의 성취들이 당신에게 보다 명백하게 될 것이기 때문에 그것들에 대해 보다 긍정적으로 느끼게 될 것이다. 만약 당신의 포부가 정말 크고 그리고 당신이 헬라어 신약성경을 상당히 유창하고 정확한 어휘를 가지고 읽을 수 있기를 원한다면, 당신은 몇년간 공부할 필요가 있다. 그러나 대체로 R-2 단계의 숙련도는 신약성경 헬라어를 최소한 1년간 공부한 사람이면 누구나 가지고 있는 실제적인 목표이다. 만약에 이 단계가 당신의 목표라면, 훌륭한 사전의 도움으로 신약성경을 번역할 수 있도록 당신의 언어훈련은 충분한 문법과 어휘를 포함하고 있어야만 할 것이다.

다음에 다룰 내용

역설적으로 들릴 수도 있지만, 이 장에서 도달한 결론은 헬라어에 대한 지식이 하나님이 주신 당신의 목회를 상당한 정도로 향상시킬 수 있다는 것이다. 필자는 하나님을 영화롭게 하고 그의 백성을 교화하는 방식으로 당신이 헬라어를 사용하도록 격려하기 위해서 이 책을 썼다. 그러나 당신은 이 책을 읽으면서 무엇을 기대하는가? 이 책은 어떻게 당신의 기대에 부응할 것인가? 당신은 여기서 무엇을 찾게 될 것인가?

다음 장에서는 본문에서 설교로 옮기는 데 있어서 당신을 돕기 위해서 기획된 가장 중요한 학습도구들을 살펴볼 것이다. 당신 자신이 스스로 원전에 대한 공부를 얼마나 많이 할 수 있을는지간에, 당신은 여전히 복잡하고 힘든 지형을 통과하는 동안 길을 잃지 않도록 지켜줄 수 있는 숙달된 안내원의 조언을 필요로 할 것이다. 도움이 최상의 것이라면, 대체로 당신은 최소한의 외부의 도움으로 본문으로부터 설교로 옮겨갈 수 있을 것이다. 이제 막 시작한 사람들을 위해서 제2장에서는 설교에서 헬라어를 활용하기 위해 필요한 최소한의 책을 포함하고 있는 기본 서적들(a basic library)을 추천한다. 또한 필수적인 것은 아니지만 그럼에도 불구하고 중요한 책들도 포함하고 있다.

제3장과 제4장은, 신약석의에 대한 실제적인 접근 방법을 발전시키려고 노력함에 있어서 설교학적 기본 원리들을 적용하려고 시도한다. 하나님의 말씀의 주석자들로서 우리의 과제는 고대 성경 세계의 "거기"로부터 현대 세계의 "여기"로 가는 것이다. 우리의 이중의 관심은 "하나님이 말씀하신 것"과 그리고 "하나님이 오늘날 우리에게 말씀하시는 것"에 관한 것이다. 설교는 단지 이 두 세계를 "결합"시키려는 시도이다. 물론 하나님의 말씀을 팔레스타인에서 피오

리아(Peoria, 미국의 지명)로, 예루살렘에서 저지(Jersey, 미국의 지명)로 가져오는 것은 쉬운 일은 아니다. 옛날의 야곱처럼, 오늘날의 설교자는 본문이 복을 넘겨주기 전에는 포기하지 말고 기꺼이 그 본문과 씨름을 해야만 한다. 따라서 필자는 헬라어 석의를 위한 몇 가지 기본 원칙과 지침들을 제시하고 그리고 성경의 장면으로부터 현대의 장면으로 옮기는 데 있어서 이것들을 어떻게 적용해야 할지를 보여줄 것이다. 필자는 해석에 대한 세 가지 기본 질문을 고려할 것이다: 우리는 어디서 우리의 본문을 발견하는가? 우리의 본문이 최초의 독자들에게는 무엇을 전달했는가? 우리의 본문을 현대의 삶에 어떻게 적용하는가? 역사적, 문법적, 및 신학적 해석의 틀을 발전시키고 있는 이 부분은 이 책의 핵심이며, 성경 본문이 어떻게 현대적 삶에의 적용을 위한 근거를 구성하고 있는지를 보여준다.

마지막으로 제5장은 당신이 이 책의 원리들을 신약성경의 특수한 본문에 적용하는 기회를 제공한다. 물론 어떤 책도 그 독자들을 위해서 그러한 경험을 실제적으로 제공할 수는 없지만, 그러나 이 장에서는 헬라어 석의의 실례를 제시함으로써 그것을 흉내내려고 시도한다. 당신이 이 장을 철저히 공부하면, 당신은 이 책에서 제시한 석의 모델을 사용하고 응용할 수 있게 될 것이다. 이 장에서의 중심 과제는 경험을 확실히 하고, 목회를 수행하고, 여행을 계속하도록 돕는 것이다.

필자는 이 책에 대해서 더 자세하게 쓸 수도 있었지만, 그러나 당신이 충분히 이해했으리라고 믿는다. 그러나 출발하기 전에 필자가 몇 마디 권면을 마지막으로 하고 싶다.

첫째, 긴장을 풀어라. 이러저러한 세부적인 것을 이해할 수 있을는지 염려하다 보면 어떤 독자든지 기능적으로 소경이 될 수 있다. 그대신에 이 책을 즐기려고 노력하고, 지루하거나 혼동되면 잠시 옆에다 치워 놓고서, 그리고 당신의 두뇌가 휴식을 취하도록 내버려두라.

둘째, 이 책에서 읽는 것이 무엇이든지 암기하려고 하지 말라. 암기하려는 노력은 종종 이해를 파괴시킨다. 그와는 반대로, 이해와 함께 저절로 기억되게 하라. 당신의 정신은 정말로 중요한 것을 기억하는데 있어서 당신이 회상할 수 있는 것보다 더 오랜 경험을 가지고 있다.

마지막으로, 포기하지 말라! 사과씨는 몇 년 동안 싹트지 않고 있을 수 있지만, 그러나 그것을 따뜻한 흙으로 덮어 주고 적당한 양의 습기를 제공해 주면 그것은 싹이 튼다. 그러므로 인내하라! 그렇게 한다면, 언제나 가장 위대한 문학의 보고의 풍요로움 속에서 한껏 즐기는 특전이 당신의 보상이 될 것이다. A. T. 로벗슨은 다음과 같이 쓰고 있다: "예수께서는 헬라어 신약성경의 페이지 속에서 빛을 비추고 계신다. 그는 거기서 보려고 애쓰는 모든 사람들을 위해서 빛을 비추신다. 그는 세상의 빛이시다. 그 어떤 반계몽주의자도 그 빛을 가릴 수 없다. 그 누구도 그 빛을 무시할 수 없다. 헬라어 신약성경은 여전히 세상을 위한 빛과 진부의 계몽가(the Torchbearer)이다."[9]

당신의 생각은?

왜 당신은 신약성경 헬라어를 수강하는가(또는 수강했는가)? 당신은 설교에서 헬라어에 대한 당신의 지식을 활용해야 되겠다는 충분한 동기부여를 받았는가? (왜 그런가 또는 왜 그렇지 않은가)? 어느 단계의 읽기 숙련도를 당신은 목표로 삼고 있는가?

---

9) Ibid., p. 116.

제 2 장

책장에서 목회자의 손으로

헬라어 석의를 위한 적합한 도구들의 선택

요즘 같은 전자시대에 좋은 서재(library)는 목사에게 어울리지 않는 것처럼 보인다. 수년 동안 미래 예측가들은 학습 수단으로써의 책의 쇠퇴를 예언해 왔다. 예측가들이 뭐라고 하든지간에, 필자는 작가들이 글쓰기를 그만두지 않을 것처럼 책이(이미 사라져버린) 공룡이 되지도 않는다고 생각한다. 컴퓨터가 극도로 대중화된 때에 예전보다 더 많은 사람들이 책을 사고 읽는다는 것은 역설적인 일이다. 모든 결점과 단점에도 불구하고 책은 여전히 지금 존재하고 있다.

우리들 중에 거의 아무도 책 없이는 세상을 응시할 수 없다. 휴 마틴(Hugh Martin)은 그의 권위있는 저서 *Great Christian Books*를 소개하면서 이 점을 강조한다:"책의 영향은 아무리 강조해도 지나치지 않다. 결국에는 작가가 군인보다 더 힘이 있다; 군대를 모집하고 움직이는 것은 사상가이다."[1] 헤겔이나 맑스같은 사람을 생각만 해도 마틴이 옳다는 것을 알 수 있다. 기독교 세계에서 성 어거스틴

1) Hugh Martin, *Great Christian Books* (Philadelphia: Westminster, 1946), p. 9.

의 「고백록」(*Confessions*)이나 번연의 「천로역정」(*Pilgrim's Progress*)같은 책들은 그 어떤 책보다 더 큰 영향력을 끼쳐 왔다.

모든 위대한 사조(思潮)의 배후에 사상가가 있다면 모든 위대한 설교가의 배후에는 서재가 있다. 도구와 기술자와의 관계는 책과 설교자와의 관계와 같다. 어떤 기술자도 정밀한 일을 수행하기 위한 적절한 도구 없이는 일을 효과적으로 할 수 없는 것과 마찬가지로, 어떤 목회자도 좋은 책들이 없이 성경을 바르게 해석하기를 바랄 수는 없다. 어떤 목회자든지 적합한 석의적, 주석적인 도구들 없이 하나님의 말씀을 설교하려고 시도하는 것은 지극히 어리석은 일이다. 우리는 성경에 대한 지식이 결코 그렇게 뛰어나지 못하기 때문에 과거와 현재의 위대한 지성들이 제공하는 도움을 무시할 수 없다.

이 장의 목적은, 신약성경의 의미를 보다 더 효과적으로 이해하고 전달하기 위하여 당신이 헬라어를 사용하도록 도울 수 있는 책들의 선택과 활용법에 대한 지침을 제시하려는 것이다. 필자의 임무는 이미 이용가능한 신약성경 연구의 보조 도구들에 대한 수많은 안내서들 때문에 간소화해졌다. 가장 유용한 자료들은 데이빗 M. 스칼러(David M. Scholer)의 「신약 주해를 위한 참고문헌 안내」 *Basic Bibliographical Guide for New Testament Exegesis*), 랄프 P. 마틴(Ralph P. Martin)의 「목사와 교사를 위한 신약 관련 책들」(*New Testament Books for Pastor and Teacher*), 그리고 에라스무스 호트(Erasmus Hort)의 「신약의 이해를 위한 자료들」(*Bible Book: Resources for Reading the New Testament*)이다. 이 책들은 당연히 필자의 이 책과 같이 읽혀져야 하는데, 책을 어디서 어떻게 살지에 대해서와 같은 실용적인 조언들을 담고 있는 호트의 책은 특히 더 그러하다. 이 학자들처럼 필자도 책 읽기를 칭찬하고 찬미하고자 하는데, 그것은 헬라어 교수로서 필자가 마땅히 그렇게 해야 한다고 생각해서가 아니라(사실 마땅히 그래야하긴 하지만), 지적인 독서는 신뢰할 만한 석의의 정수(精髓)이며 이러한 도구들의 자문을 받지 않는 것은 설교자와 회중 모두를 헤아릴 수 없을 정도로 궁핍하게 만들기 때문이다. 사실 현재는 이용 가능한 석의적인 도구들이 너무도 풍부하기 때문에 그것들을 무시하는 목회자는 피상성과 태만에 대한 책임을 회피할 수 없다.

이 장과 같은 이처럼 짧은 장은 당연히 어떤 한계를 가지고 있다. 한편으로 필자는 완벽한 목록보다는 오히려 선별적인 책의 목록을 제시하려고 했다. 필자의 목적은 당신이 신약성경에 관한 끝없이 자라나는 책의 밀림 속을 뚫고서 길을 헤쳐 나가도록 돕는 것이다. 다른 한편으로 여기에 인용된 책들은 대부분의 참고 문헌들에서 보게 되는 것보다는 보다 더 상세한 설명이 붙어 있다. 필자가 이 도구들을 자주 사용하는 사람들에게 새로운 어떤 것을 말하려는 체하지는 않았지만, 필자가 쓴 것이 이 책들을 이해하는데 유용한 안내가 되기를 필자는 바란다. 간단히 말해서, 필자의 목적은 필자의 경험으로 볼 때 목회자의 책장에서 첫번째 자리를 차지할 만한 가치가 있는 책들을 추천하려는 것이다. 이 책들은 값이 비싸고 상당한 크기의 액수의 투자 — 그러나 일생에 단 한번 뿐인 투자 — 를 의미한다.

참고 도구들의 활용

그러나 이 참고 도구들을 살펴보기 전에 학습 도구들의 사용법에 대한 몇 마디 예비적인 말들이 아마도 순서인 것 같다.

첫째, 헬라어에 관한 모든 보조 도구들이 똑같은 목적을 가지고 있다거나 또는 똑같은 독자층을 대상으로 쓰여지지 않았다는 것을 명심하라. 어떤 책들은 표준적인 참고 서적들이지만, 반면에 어떤 책들은 특수자료 도구들이다. 많은 책들은 단순히 신약성경 헬라어에 대한 일시적인 친숙함 정도만을 요구한다. 호트(Hort)는 약간은 풍자조로 이 후자의 도구를 "속성 헬라어"(quick Greek)라고 특징 짓는다. 필자의 견해는 훨씬 덜 냉소적이다. 정신 없이 전화통을 돌려대고 병원으로 뛰어 다니는 바쁜 목회자는 성경언어에 친밀해지기 위해서 필요한 그 어떤 "자습서"(crib)도 사용하기를 주저해서는 안된다. 여기서의 지침(dictum)은 어떤 설교자가 얘기한 것처럼, "입에서 냄새가 나더라도 전혀 숨을 쉬지 않는 것보다는 낫다"이다. 원어대조 성경(interlinears), 어형분석 사전(parsing guides), 문장 분석 사전(analytical lexicons), 또는 다른 어떤 보조 도구든지 죄책감이나 변명 없이 사용될 수 있고 사용되어져야 한다. 따라서, 먼저 자신의 개인 서재(書齋)가 목회적 학문들의 다양한 분야에서 반드시 필요한 도구들로 채워져 있는지를 알기 위해 큰 관심을 쏟아야만 한다. 당신이 헬라어 석의에 대한 최상의 도구들을 포함해서 훌륭한 기본적 서재를 가지고 있을 때에만, 당신은 특정 분야에 깊이 들어갈 수 있다.

둘째, 필자는 대부분의 학자들이 정말로 쓸모 없다고 여기거나 심지어는 위험하다고 생각하는 그러한 소위 보조 도구라고 불리는 것들의 목록은 피했다. 이러한 책들은 "속성 헬라어"라는 꼬리표를 붙일만 하지도 못하다. 그러한 책들은 호기심 많은 무식한 평신도들에게는 관심을 끌지 모르지만, 그러나 그것들은 쓸모 없는 것 이상으로 더 나쁜 것들이다. 그것들은 해로우며 설교자와 회중 둘 다를 해친다(물론 이러한 책들은 이름도 남기지 못할 것이다).

셋째, 필자는 독서가 그리스도 안에서 당신의 개인적 성장에도 많은 유익이 있다는 것을 강조하고자 한다. 목회자 개인이 성경의 학생, 하나님의 종, 그리고 설교자로서 성장하는 가장 쉬운 방법은 주로 목회자의 연구에서이다. 사람이 등불을 켜서 말 아래 두지 않고 등경 위에 두는 것처럼, 주석적 설교를 위해 꾸준히 준비하는데서 나오는 흥분은 숨겨질 수가 없다. 이것은 좋은 책을 읽는 것이 하룻밤새에 우리를 더 나은 사람으로 만들어 줄 것이라고 말하려는 것이 아니다. 그러나 석의적 연구는 하나님의 말씀과 그 말씀을 우리에게 전해 주시는 성령의 영향력 아래로 우리를 데려감으로써 그러한 목적을 수행한다. 그래서 석의는 설교에 대한 준비로써 뿐만 아니라 또한 삶에 대한 준비로 여겨질 수 있다. 그것은 실제로 하나님의 말씀을 먹고 살며 그 과정에서 개인의 영혼은 강건하게 되는 것이다.

마지막으로, 헬라어 도구들이 가치가 있는 것이기는 하지만, 그러나 또한 그것들이 본문 자체를 읽는 것에 대한 부속물(a servant)이지 대체물이 아니라는 것을 결코 잊어서는 안된다. 쉽게 구입하여 활용할 수 있는 대가(expert)의 연구 결과만을 가지고서도, 우리는 삼손의 사자 시체처럼 그 언어가 고기와 꿀을 생산해 낼 때까지, 베드로나 바울이 사용한 바로 그 언어를 읽는데서 오는 특별한 신선함을 맛볼 수가 있다. 신약성경에 대하여 읽는 것만으로는 충분치 않다; 우리는 신약성경 자체를 읽어야만 한다. 사실 학습 보조 도구들은, 본문이 우리 영혼의 토양에서 자라서 우리 자신의 것이 될 수 있도록 하면서 그 본문을 우리가 스스로 심사 숙고하도록 만들 때 가장 유익하다.

10개의 필수적인 도구들

그러면 무엇이 설교에서 헬라어를 사용하기 위해서 필요한 기본적인 도구들인가? 당신의 개인 서재(書齋)를 위한 10개의 기본 자료를 추천하고 싶다. 필자가 교수와 설교자로 일하는 동안 수백 권의 책을 구입했지만 이 10개의 도구들에로 계속해서 되돌아가는 것을 알게 되었다. 필자는 그것들을 많은 목회자들에게 추천해 왔고, 그리고 당신도 그것들을 활용하면 도움이 된다는 것을 알게 되리라고 확신한다(이 장에서 언급되고 있는 참고 서적들의 출판에 관한 자료들을 알고 싶으면 참고 문헌을 보라).

1. 영어 성경

물론 어떤 의미에서는 성경은 도구가 아니다; 그것은 우리가 연구하고 있는 것이다. 그러나 어떤 번역판이란 단순히 원어의 의미를 정확하게 번역하려는 시도이기 때문에, 우리는 다른 도구들과 함께 성경 하나의 선택을 고려해야 할 것이다.

진지한 연구를 위해서는 어떤 번역판의 성경을 사용해야 하는가? 대답은 다음과 같다: 하나의 번역판과 그리고 다른 번역판들.

하나의 번역판. 이 번역판은 개인적인 연구와 설교에서 당신이 계속해서 사용하는 성경이어야 한다. 기억을 쉽게 하기 위해서 그것은 The King James Version, The New American Standard Bible, The New International Version, 또는 The New Revised Standard Version과 같은 그러한 주요 번역판들 중 하나여야 한다. 만약에 당신이 아직 결정하지 않았다면, 다음의 사항을 상기시키고 싶다: (a) 완전한 번역이란 없다－각 번역은 각각 장점과 단점을 가지고 있다; (b) 주요 번역판들 중에서도 완전히 신뢰할 만한 번역판은 없다; (c) 성경번역 위원회들이 출판한 번역판들은 특별히 고려할 만한데, 왜냐하면 그것들은 개인이 번역한 것들보다는 개인적 편향성이 덜하기 때문이다; (d) 당신이 연구를 위해서 문자역(a literal translation)을 사용하기로 결정했다면, 이 번역판은 반드시 최소한 하나의 의역 번역판에 의해 보충되어져야 한다.

다른 번역판들. 오늘날 이용 가능한 다양한 번역판들을 활용하는 최선의 방법은 한 권에 여러 개의 번역판을 (병행) 제시하는 성경책

을 구입하는 것이다. 비교 번역판은 오늘날 가장 널리 사용되고 있는 성경들을 빨리 찾아보고 쉽게 비교할 수 있게 만든다.

그러한 번역판 중에 하나는 커티스 보간(Curtis Vaughan)이 편집한 *The Bible From Twenty-six Translations*이다. 각 번역판들을 병행시키지 않고 대신에 보간(Vanghan)은 The King James Version을 기본 본문으로 삼고서, The American Standard Version, Revised Standard Version, New American Standard Bible, New English Bible, Berkeley, Moffatt, Phillips, Knox, Goodspeed, Living Bible, Amplified Bible, Basic English New Testament, Weymouth, Twentieth Century New Testament, Lamsa, Conybeare(바울 서신들만), Alford, Broadus, Williams 등등에 있는 표현들과의 모든 주요한 차이점들을 기록해 놓았다. 이 번역판들은 The King James Version의 본문에 대한 주석으로써 사용되고 있다.

그러나 필자가 구입하도록 가장 권고하고 싶은 책은 *The Eight Translation New Testament*인데, 이 책은 두 페이지에 8줄로 해서 The King James Version, Living Bible, Phillips, Revised Standard Version, Today's English Version, New International Version, Jerusalem Bible, 그리고 New English Bible 순서로 신약성경 전체를 제공하고 있다. 다른 어떤 책도 그렇게 많은 중요한 당대의 번역판들을 나란히 보여주고 있지 못하다. 여기서 이 모든 번역판들을 상세히 설명하는 것은 불가능하고 필요치도 않지만, 이 책에 나오는 주요 번역판들을 간단히 설명하는 것은 도움이 될 것이다.

King James Version(1611). *King James Version*(KJV)은 (The Authorized Version[AV]이라고도 알려져 있다) 가장 널리 알려진 영어 번역판인데, 이 번역판을 기본 교재로 매일 사용하지 않는 목회자는 그것을 주요 부교재로 사용하는 것이 좋다. 이 번역판은

영국에서 1604년에서 1611년 사이에 일단의 성공회 신학자들에 의해 출판되었다. 그 당시 이용 가능한 최상의 자료들을 사용하면서 이들 학자들은 오늘날까지도 찬사를 듣는 아주 훌륭한 번역판을 내놓았다. 그러나 신약성경의 기본 헬라어 본문은 제임스 왕(王) 이래로 발견된 것들보다 일반적으로 열등하다고 생각되는 그러한 사본들에 기초하고 있다. 보다 나중에 발견된 이 사본들은 마가복음의 결론(마가 16:9－20)과 같은 본문이나 요한복음에 있는 간음하다 붙잡힌 여인 이야기(요한 7:53－8:11) 같은 그러한 본문을 생략하고 있다. 그럼에도 불구하고 여러 출판물의 형태로 KJV는 개신교도들 가운데서 여전히 널리 이용되고 있다. 그 언어의 상당수가 지금은 고전적인 것이 되었음에도 불구하고 영국 교수들은 그 문학적 우수성 때문에 신학자들보다도 더 많이 그것을 사용한다.

Living Bible(1971). 보수적 경향의 Living Bible(LB)은 직역이라기 보다는 오히려 의역이다. 사실 그것은 대부분이 매우 해석적인 그러한 자유로운 번역이다. 편집자들이 그 저작을 헬라어와 히브리어 성경에 대조하면서 점검했지만 LB는 대부분이 KJV에 현대의 옷을 입힌 것이다. LB는 종종 역설적인 책 (a paradox)이라고 불려졌는데, 그 까닭은 그 성경관에 따르면 마땅히 성경을 의역하는 것을 배제해야 할 사람들 중에서 이 책이 가장 인기있기 때문이다. 본문이 직역되었을 때보다 의역되었을 때 성경에 대한 충실성이 침해당한다고 하는 그러한 강한 감정은 분명히 없다.

Phillips(1958). 영국의 목사인 J. B. 필립스(Phillips)는 현대 영어로 된 번역판을 내놓으려고 시도했다. 그 결과 한 명의 학자에 의한 가장 훌륭한 현대역 중의 하나로 여겨지는 번역판이 나왔다. 그 문체는 철저히 관용어법적(idiomatic)이고 종종 충격적이다. 예를 들면, 고린도전서 8:2에 대한 필립의 번역은: "왜냐하면 사람이 얼마나 알고 있든지간에 그는 여전히 배워야 할 것이 많이 있기 때문이

다" (For whatever a man may know, he still has a lot to learn). 다른 예를 하나 더 들면: "나는 혼자서 권투 연습하는 사람(shadowboxer)이 아니다; 나는 정말로 싸운다"(고전 9:26b). 로마서 12:2a의 번역은 많은 사람들에게 익숙하다: "네 주위의 세상이 너를 그 틀 속에 쑤셔 넣도록 만들지 말라"(Don't let the world around you squeeze you into its own mold). 비록 의역이긴 하지만 Phillips역은 설교자들의 주목을 받을 만하다.

Revised Standard Version(1952). Revised Standard Version (RSV)은 1881년과 1901년의 영국과 미국의 개역판의 정확성, 즉 KJV의 문학적 우수성과 현대 영어의 문체와 관용어를 결합하려고 시도했다. 그것은 개인적인 연구 뿐만 아니라 공적인 예배에서 사용되도록 하기 위해서 기획되었다. 어떤 사람들은 RSV를 강하게 비판했지만, 이러한 반대의 대부분은 오해와 무지에서 비롯된 것이었다. 예를 들면, RSV는 십자가 옆에 있는 백부장이 예수를 "하나님의 아들"(the Son of God)이라고 하는 대신에 "하나님의 한 아들"(a son of God, 막 15:39)이라고 말한다는 것 때문에 그리스도의 신성을 부인한다고 비난을 받아 왔다. 그러나 누가복음에 있는 병행구에서는 백부장이 "이 사람은 정녕 의인이었도다"(눅 23:47, Certainly this was a righteous man)라고 말하는 것으로 기록하고 있는데, 그것은 신성에 대한 찬사라고 보기는 거의 어렵다. 다른 한편으로 그리스도의 신성은 RSV에서는 디도서 2:13에서 확증되고 있다:"우리의 위대하신 하나님이요 구세주이신 예수 그리스도"(Our great God and Savior Jesus Christ). 따라서 대부분의 번역판들처럼 RSV도 유용하게 사용될 수 있고, 그리고 사실 오늘날 세계에서 가장 널리 읽혀지고 있는 KJV의 개정판일 것이다.

Today's English Version(1966). Today's English Version (TEV)은 로벗 G. 브랫처(Robert G. Bratcher)가 번역했고 1966

년에 미국성경협회(The American Bible Society)가 출판한 현대 영어로 된 신약성경 번역판이다. 전체 성경은 그 뒤 1976년에 *Good News Bible*이라는 제목으로 출판되었는데, TEV는 여전히 대중에 잘 알려진 이름으로 남아 있다. TEV는 영어를 모국어로 사용하는 사람들과 그렇지 않은 사람들 둘 다를 위해서 의도되었다. 그것은 성경협회가 장려사업을 많이 했기 때문에 세계에서 널리 사용되고 있다.

New International Version(1978). New International Version(NIV)은 뉴욕에 본부를 둔 국제성경협회(International Bible Society)의 후원 하에 백여명이 넘는 복음주의 신학자들에 의해 출판되었다. 그것은 과거 번역판의 개정이 아니라 완전히 새로운 번역판이다. 그것은 번역의 정확성과 읽기의 용이성 양쪽에 관심을 가지고 있다. 본문은 한 단락(section)의 처음에 제목을 붙인 단락 형태로 배열되어 있다. 경건하게 읽기로는 아마도 NIV만한 것도 없다. NIV에 대한 주요한 비난은 아마도 그것이 때때로 너무 자유롭게 의역하기 때문에 그래서 연구 목적으로는 덜 유용하다는 것일 것이다.

Jerusalem Bible(1966). 예루살렘에 있는 도미니크회 성경학교에 의해 출판된 Jerusalem Bible(JB)은 히브리어와 헬라어 원어 본문에서 번역한 새로운 번역이다(불가타역에서 번역한 것이 아님). 영어 번역은 최초의 불어역에 근거하고 있다. 고어체의 낱말들은 제거되었고 *thee*와 *thou* 같은 용어들은 현대의 동의어들로 완전히 교체되었다. 그래서 독자는 명확하고 품위 있는 영어로 된 완전히 현대적인 성경 번역판을 소유하게 되었다.

New English Bible(1970). 스코틀랜드 교회가(영국의 다른 교파 기구들과 함께) 기획하고 감독한 New English Bible(NEB)은 완전히 새로운 번역이며 KJV의 개정판이 아니다. 그것은 예배와 연구를 목적으로 계획되었다. 그 언어는 품위가 있고 정확하지만, 그러나 미국의 많은 독자들은 그것이 좀 어색하다고 느끼고 있다.

*The Eight Translation New Testament*에는 포함되어 있지 않지만, 언급할 만한 가치가 있는 현대어로 된 다른 번역판은 New American Standard Bible(1971)이다. 캘리포니아주 라 하브라(La Habra)에 있는 록맨 재단(Lockman Foundation)이 출판한 NASB는 1901년의 American Standard Version의 개정판이다. 1963년에 나온 신약은 보다 최근의 헬라어 사본들을 사용하고 있으며 그리고 원문에 충실하려고 노력하고 있다. 사실 그것은 때로는 너무 헬라어 단어의 순서를 따르려고 하거나 또는 원어 헬라어의 어휘나 시제를 너무 기계적으로 재현하려는 경향이 있다. 그럼에도 불구하고 NASB는 복음주의 신학자들이 완전히 번역한 건전한 번역판이다. 그외에 RSV, NEB, JB는 현재 개정판이 나와 있다(*New Revised Standard Version*[1989], *Revised English Bible*[1989], 그리고 *New Jerusalem Bible*[1985]). NRSV는 그것의 현저한 번역 철학 때문에 특히 추천할 만하다.[2)]

신약에 대한 이렇게 많은 번역판들을 참고할 수 있을 때 그 유익은 무엇인가? 우선 첫째로는, 다양한 번역판들은 만약 당신이 하나의 번역 성경만 가지고 있다면 당신의 이해의 폭이 얼마나 제한되어 있는가를 보여줄 것이다. 둘째로, 단락 형태로 되어 있는 번역판들은 로마서나 히브리서 같이 그렇게 특히 복잡한 신학적인 책들에서 완전한 사상 단위들을 확인하는데 도움이 된다. 셋째로, 다양한 번역판들을 비교하면 헬라어 본문 배후에 있는 원본의 다양성을 알 수 있도록 해준다. 예를 들면, 고린도전서 11:29에서 KJV는 "합당치 않게 먹고 마시는 자는"(he that eateth and drinketh unworthily)라고

---

2) See Bruce M. Metzger, "The New Revised Standard Version," in *Scribes and Scripture: New Testament Essays in Honor of J. Harold Greenlee*, edited by David Alan Black (Winona Lake, Ind.: Eisenbrauns, 1992), pp. 111-15.

번역하지만, NIV는 "먹고 마시는 자는 누구나"(anyone who eats and drinks)라고 번역한다. KJV에서 "합당치 않게"(unworthily)라고 번역된 헬라어 단어가 원래의 것인가 아닌가 하는 문제는 본문의 증거를 재평가하도록 자극할 수 있다. 넷째로, 여러 번역판들을 대충 훑어 보기만해도 당신이 평소에 설교에 사용하는 번역판에 있는 불분명한 번역들을 보완할 수 있다(예를 들면, 롬 12:20에서 KJV의 "불의 숯"[coals of fire]은 NIV의 "숯불"[burning coals]로 명확해진다). 다섯째로, 여러 번역판들을 참고하면 중요한 구문적인 차이들을 알 수 있게 된다. 예를 들면, KJV에 있는 베드로후서 1:1(두 위격에 관해 언급하는, "하나님과 그리고 우리 구주이신 예수 그리스도"[God and our Savior Jesus Christ])을 RSV에 있는 것(한 위격에 관해 언급하는, "우리 하나님이요 구주이신 예수 그리스도"[our God and Savior Jesus Christ])과 비교해 보면 그리스도의 신성에 관한 구문론적인 문제를 깨닫게 해준다. 여섯째로, 어떤 번역판들은 헬라어 단어들과 그에 대한 영어의 동의어들을 다룰 때 다른 것들보다 더 일관성이 있다. 예를 들면, 명사 *κρίσις*는 KJV의 요한복음 5장에서는 세 개의 다른 단어로("심판"[judgment, 22절]; "정죄"[condemation, 24절]; "저주"[damnation, 29절]) 번역되어 있지만, NASB에서 그 단어는 "심판"(judgment)으로 통일해서 번역되어 있어서 세 절 사이의 연결을 보존하고 있다. 마지막으로, 여러 번역판들을 참고하면 본문에 있는 헬라어 어휘의 미묘한 뉘앙스를 알 수 있게 되고 어떤 단어를 더 깊이 있게 연구하는 것이 필요한지를 깨닫게 해준다. 예를 들면 히브리서 1:1에서 해석자는 헬라어 부사인 *πολυμερῶς*와 *πολυτρόπως*에 대한 몇 개의 가능한 번역들을 볼 수 있다:

KJV at sundry times and in divers manners

RSV in many and various ways
NIV at many times and in various ways
NEV in fragmentary and varied fashion
(한글개역) 여러 부분과 여러 모양으로

영어 번역판들이 우리가 석의에서 헬라어 본문을 사용하는 것을 면제해 주지 않는다는 것을 이제는 분명히 해야 한다. 현대의 번역판들은 그들 사이에 그렇게 빈번하게 서로 불일치하기 때문에, 이전 그 어느 때보다도 목회자는 비교를 위한 신뢰할 만한 근거가 필요하다. 물론 이러한 비교를 위한 단 하나의 적합한 근거는 헬라어 원어 본문인 것이다.

2. 헬라어 신약성경에 대한 현대의 출판물

설교에서 석의할 본문을 일단 선택하고 나면, 그것을 상세하게 검토할 필요가 있다. 원전 헬라어가 대단히 소중하게 되는 것은 바로 이 때 즉 해석의 과정에서이다. 정확성은, 우리가 우리의 가진 모든 능력을 다 동원해서 신약성경의 현대어 번역판 배후에 있는 언어를 이해하기를 요구한다.

최근의 헬라어 신약성경에 관해서 언급할 때 대부분의 학자들이 네슬-알란트(Nestle-Aland)의 *Novum Testamentum Graece*를 사용하기를 선호하는데, 현재 27판이 나와 있다. 마찬가지로 가치가 있는 것은 *The Greek New Testament*의 제3판(수정판)인데, 쿠르트 알란트(Kurt Aland), 매튜 블랙(Matthew Black), 카를로 M. 마티니(Carlo M. Martini), 브루스 M. 메츠거(Bruce M. Metzger), 그리고 앨런 윅그렌(Allen Wikgren)이 편집했다(GNT). 이 책은 네슬-알란트의 27판과 동일한 본문을 포함하고 있지만 그러나 보다 더 읽기 쉬운 형태(format)로 되어 있다. 비평장치는 네슬-알란트의 본문보다 훨씬 더 적은 이문(異文 : variants)를 인용하고 있지만, 훨씬 더 충분한 증거를 가지고 그렇게 하고 있다. 편집자들은 서문에서 번역자들에게 중요한 이문(異文)으로 비평장치를 제한했다고 설명하고 있다. 편집자들은 또한 다른 읽기(variation) 대신에 본문의 개연성을 표시하기 위해서 평가 부호를 사용하고 있다: A(매우 확실), B(조금 의심스러움), C(상당히 의심스러움), 그리고 D(대단히 의심스러움). C와 D의 등급에서 독자는 본문에 있는 원본과는 다른 이문(異文)을 자유롭게 채택해야 한다. 편집자들의 결정 배후에 있는 이론적 근거를 알기를 원한다면, 그 위원회의 「본문 주석서」(*Textual Commentary*, 아래의 8. 본문 주석서)을 참조할 수 있다.

물론 모든 신약성경 학자들이 가능성 있는 이문(異文)들에 대한 그들 자신의 견해를 가지고 있고, 그리고 GNT의 편집자들은 빈번하게 다른 학자들이 거부한 이문(異文)을 선호하고 있다. 그럼에도 불구하고 GNT는 없어서는 안될 도구이며 그리고 당연히 출판된 가장 대중적인 헬라어 성경이다. 목회자들은 그 성경이 영어로 된 단락 표제로 나누어져 있다는 사실을 높이 평가할 것이다. 복음서에서 이 표제들 다음에는 병행 구절에 대한 참고 사항들이 나오고 있다.

3. 석의 안내서

헬라어 신약성경 바로 다음으로는 해석자가 헬라어 본문을 읽고 임시적인 번역을 할 수 있도록 도와주는 도구가 필요하다. 우리가 필요로 하는 모든 것을 프리츠 리네커(Fritz Rienecker)의 「헬라어 신약성경을 위한 언어학적 열쇠」(*Linguistic Key to the Greek New Testament*)가 제공해 주고 있는데, 클리언 L. 로저스 Jr. (Cleon L. Rogers Jr.)가 번역하고 편집했다. 빨리 읽기를 위한 책으로는

Linguistic Key 만한 것도 없다. 신약성경 전체를 한 책 한 책 나아가면서, 동사의 문법 변화, 기본 정의, 그리고 주요 문법에 근거한 해석(insights)을 제공한다. 정의(definitions)가 짧기는 하지만, 보다 상세한 연구를 위한 기초로 사용되기에는 충분한 정보를 제공하고 있다. 그리고 그 책이 비록 본문의 보다 전문적인 면들을 무시하긴 하지만, 해석자들이 직면하는 그러한 종류의 결정들에 좋은 아이디어를 제공한다. 부정적인 점은, 독자들은 곳곳에서 그 책이 부정확하다는 것을 발견할 수 있다(예를 들면 롬 12:2에서, *μή*하고 같이 쓰이는 현재 명령형이 반드시 진행 중인 행동의 중지를 의미하지는 않는다); 그리고 때때로 그 책은 구시대적 사전 편찬법에 의존하고 있다(빌 1:12에서, 명사 *προκοπή*는 반드시 "앞으로 헤치고 나가는 것"[cutting forward]을 의미하지는 않는다). 그러나 이것들은 몇몇 소수의 예들일 뿐인데, 왜냐하면 전체적으로 그 책은 신중한 학문성과 현명한 판단에 있어서 기념비적인 작품이기 때문이다.

4. 헬라어-영어 사전

석의와 번역에 대한 기본 안내서에 덧붙여서 신약성경의 주석은 본문에 있는 단어들의 정확한 의미 뿐만 아니라 개개의 단어들에 내포된 의미의 미묘한 차이들을 면밀히 조사하기 위해서 헬라어 사전을 필요로 한다. 헬라어 신약성경에 대한 표준적인 사전－그리고 주석들에서 가장 빈번하게 인용되는 단 하나의 사전－은 바우어(Bauer), 아른트(Arndt), 깅리히(Gingrich), 그리고 단커(Danker)의 「신약과 다른 초기 기독교 문헌을 위한 헬-영 사전」(*Greek-English Lexicon of the New Testament and Other Early Christian Literature*)인데, 종종 BAGD라는 약어로 쓰인다. 이 사전의 1979년판(영어로 된 제2판)은 1958년의 독일어로 된 제5판에 기초하고 있다. 사전 내용은 헬라어 알파벳 순서에 따라 배열되어 있으며, 후기의 기독교 저서들, 신구약 중간기의 문헌, 및 비문들(inscriptions)에 대한 참조 자료 뿐만 아니라 최근의 파피루스 연구에서 얻은 결과들(insights)까지 포함하고 있다. 논문들과 책들에 대한 풍부한 참고 문헌 자료들은 과거의 연구에 관한 정보를 얻기를 바라는 목회자들에게는 크게 도움이 된다. 이 사전을 자주 참고하면 논쟁의 여지가 있는 용어들(예를 들면, *ἄνωθεν, αὐθεντέω, ἐπιούσιος, ἱστορέω*)을 연구할 때 특히 유용하다. 전치사와 접속사 같은 가장 작은 단어들조차도 매우 잘 다루어져 있다. 그러나 헬라어 사전을 참고하는 이유가 무엇이든지간에 BAGD는 가장 먼저 찾게 되는 사전(the first port of call)이 될 것이다. 그것의 유일한 약점은 나무들 때문에 숲이 때때로 불분명해진다는 것이다.

바우어(Bauer)의 독일어로 된 헬라어 사전 제6판은 뮌스터에 있는 신약원문 연구회(Institute for New Testament Textual Research)가 최근에 출판했다. 2백개 이상의 새로운 항목과 원래의 내용의 많은 부분을 다시 쓴 것은 이 책의 이미 입증된 가치를 더 향상시켰다. 사실 제6판에 있는 자료들의 1/3정도가 새로운 것이며, 기독교인과 비기독교인 저자들의 많은 자료를 포함하고 있다. 우선 첫째로 인용된 저자들 중에는 저스틴 마터(Justin Martyr), 이레니우스(Irenaeus), 알렉산드리아의 클레멘트(Clement of Alexandria), 그리고 오리겐(Origen)이 있다. 추가된 자료는 기독교 전승에서 후기 저자들이 사용한 "신약성경"의 어휘 뿐만 아니라 70인역으로부터의 인용도 또한 현저하게 증가되었다. 이 6판의 영어 번역판은 현재 준비 중에 있다.

헬라어 사전이 다재다능한 석의도구이긴 하지만, 사전 편찬가들은 종종 그들 자신이 석의자의 역할도 했다는 것을 기억해야만 한다. 이것은 사전 편찬자들이 제공한 자료들은 언제나 석의에 양보해야 한

다는 것을 의미한다. 그럼에도 불구하고, BAGD에서 사전적 도움을 구하는 설교자는 충분한 보상을 받게 될 것이다. 예를 들어, 사도행전 6:2에 나오는 *τράπεζα*의 뜻을 생각해 보자. 아마도 당신은 언제나 그 표현이 "식탁" 봉사(serving "tables")에 대해 언급한 것이라고 생각했겠지만, 그러나 BAGD를 잠깐만 참조해도 그 단어가 여기서는 은행업과 관련이 있다는 바로 그러한 실세의 가능성을 엿볼 수 있다. 암시하고 있는 내용은 사도들이 단순히 관리인(butler)의 역할을 거부하고 있는 것이 아니라 은행가의 역할을 거부하고 있는 것이다. 유사한 예가 누가복음 2:7에서 "사관"(inn)이라고 번역된 단어이다. BAGD에서 *κατάλυμα*를 찾아 보면 번역자들이 불명확하게 만들 수 있는 것이 보다 더 명백해지는데, 누가복음(22:11)에서 이 단어가 나오는 다른 유일한 예는 "객실"(guest room)이라고 번역되어 있기 때문이다. 누가가 "사관"(*πανδοχεῖον*)에 대한 전문용어 대신에 이 단어를 사용했다는 사실은 방 하나가 요셉과 마리아를 위해서 실제로 예약되어 졌었는데 불행히도 그들이 도착했을 당시에는 사람들이 너무 붐벼서 그 방안에 자리를 잡을 수가 없었다는 것을 암시한다.

5. 헬라어 단어 연구사전

BAGD 수준을 넘어서 개개의 단어 연구를 하고 싶다면, 신약성경 헬라어의 용어들에 대한 사전이 필수적이다. 게르하르트 키텔(Gerhard Kittel)과 게르하르트 프리드리히(Gerhard Friedrich)의 「신약성경을 위한 신학 사전」(*Theological Dictionary of the New Testament*(*TDNT*))는 제프리 W. 브로밀리(Geoffrey W. Bromiley)가 번역 및 편집을 했는데, 그 분야의 권위있는 저작으로 여겨지고 있다. 이 사전은 9권의 사전적 연구와 1권의 찾아보기(index)로

되어있다(*TDNT*의 1권짜리 축약사전도 또한 나와 있다). 그러나 9권 중 초기에 나온 사전들에 들어 있는 논문들은 조금은 시대에 뒤진 것들이며, 전체적인 신학 성향은 일반적으로 비보수적이다. 이러한 이유들과 또다른 몇 가지 이유들 때문에 필자는 독일어로된 *Theologisches Begriffslexicon zum Neuen Testament*를 콜린 브라운(Colin Brown)이 번역 및 편집한 4권짜리 「신약성경 신학을 위한 새 국제사전」(*New International Dictinary of New Testament Theology* (*NIDNTT*))를 선호한다. 브라운(Brown)을 편집장으로 해서 보수적인 신학자들이 원래의 독일어로 된 저작을 확대하고 영어와 다른 외국어로 된 완전한 참고 문헌을 마련했다. 영어 알파벳 순서로 배열된 *NIDNTT*는 신약성경에 있는 약 340가지의 주요한 신학적 주제들을 다루고 있다. *TDNT*보다 나은 장점 몇 가지는:

a. 수록된 논문들이 보다 최근의 것이다.
b. 단어 연구는 사전의 정확한 정의와 *TDNT*의 광범위한 논의(discussions)사이의 중간이다.
c. 복음주의적 학문성의 진수를 가장 잘 보여주고 있다.
d. 종종 *TDNT*의 내용을 요약하고 있다.
e. 사전의 글자는 *TDNT*의 작은 활자체와 비교해 볼 때 평균 크기의 활자체를 사용하고 있다.
f. *NIDNTT*의 가격은 *TDNT*의 약 1/3정도이다.

그뿐 아니라 제3권은 헬라어 신약성경에 나오는 전치사의 용법에 대한 머레이 J. 해리스(Murray J. Harris)의 귀중한 부록을 포함하고 있다. 이 모든 장점들로 인하여 *NIDNTT*는 목회자들이나 다른 신학생들에게 가장 유용한 도구 중의 하나가 되고 있다.

6. 헬라어 단어 콘코던스(색인 사전)

사전은 어휘를 설명하는 반면에 콘코던스(concordance)는 알파벳 순서로 된 단어 색인과 각 단어가 나오는 성경 구절에 관한 내용들을 우리에게 제공한다. 신약성경 콘코던스는 두 그룹으로 나눌 수 있다: 헬라어 본문을 직접 수록한 것과 번역된 성경 본문을 수록한 것.

헬라어 신약성경에 기초한 콘코던스가 매우 값이 비싸다는 사실은 불행하긴 하지만 이해할 수는 있다. 오랫동안 이 분야의 권위 있는 책은 윌리암 F. 몰튼(William F. Moulton)과 알프렛 S. 게덴(Alfred S. Geden)의 *A Concordance to the Greek New Testament* 인데, 1897년에 초판이 나왔고 1978년에 해롤드 K. 몰튼(Harold K. Moulton)이 개정판을 냈다. 웨스트코트(Westcott)와 호트(Hort)의 본문에 기초한(1881년에 출판) 이 책은 대부분의 콘코던스보다 더 긴 (헬라어) 성경 본문을 수록하고 있다. 해당 본문이 구약의 인용일 경우에는 히브리어 본문도 수록하고 있을 뿐만 아니라 70인역과 외경에 대한 내용도 포함하고 있다. 가장 중요한 것으로는 한 항목 아래에서 그 용어의 특수한 용법을 지적하는 내용들을 순서대로 종종 언급하고 있다. 좀더 최근에 들어서, 학자들은 호르스트 바흐만(Horst Bachmann)과 볼프강 A. 슬라비(Wolfgang A. Slaby)가 편집한 *Computer-Konkordanz zum Novum Testamentum Graece*에 의존해왔다. 네슬-알란트의 헬라어 성경 26판에 기초한 이 책은 단어가 나오는 문장을 길게 인용할 뿐만 아니라 신약성경의 모든 단어와 그 빈도수를 수록하고 있다. 이 두 개의 콘코던스는, 비록 훌륭한 신학 도서관에 의존할 필요가 있긴 하지만, 석의에서 유익하게 사용될 수 있다.

모든 것을 고려해 볼 때, 아마도 목회자에게 가장 유용한(그리고 구입하기에 여유가 있는) 도구는 위그램(Wigram)의 *Englishman's Greek Concordance of the New Testament*인데, 이 책은 KJV 이후의 대체된 본문에 기초해 있기는 하지만 대단히 많은 항목을 포함하고 있다. 이 콘코던스는 헬라어 신약 성경에 나오는 모든 단어를 알파벳 순서로 수록하고 있으며, 또한 각 단어가 나오는 본문들을(KJV에서 인용한) 싣고 있다. 항목에 있는 헬라어 단어를 나타내는 영어 단어는 언제나 이탤릭체로 되어 있다. 적절한 상황이 영어로 제시되어 있으며, 항목들은 매우 철저하다. 학생들이 익숙하지도 않은 헬라어 본문을 철저히 파헤칠 필요가 없다는 것이 이 책의 주요 장점이다. 만약에 보다 깊은 단어 연구의 정보가 필요하다면 신약성경의 단어들에 대한 신학사전(예를 들면 *NIDNTT* 같은)의 도움을 받을 수 있다.

*The Englishman's Greek Concordance*는 의심할바 없이 당신이 당신의 서재에서 소유할 수 있는 가장 유용한 도구들 중의 하나이다. 당신은 그것을 활용해서 어떤 헬라어 단어가 신약성경에서 번역된 다양한 방식을 비교하거나, 또는 중요 교리의 성경적 발전을 조사하거나, 또는 다른 여러가지 형태의 연구를 할 수 있다. 그 본문이 시대에 뒤진 것이긴 하지만, 그것을 가지고 있는 것이 콘코던스를 하나도 가지고 있지 않는 것보다는 훨씬 낫다.

7. 신약성경 헬라어 문법

문법은 단어들이 문장에서 같이 쓰여졌을 때 상호간에 어떻게 관련되어 있는지에 대해서 뿐만 아니라 각각의 단어가 거쳐 온 변화들에 관한 연구를 포함한다. 정확한 석의에 대한 가장 큰 장애 중의 하나는 헬라어를 처음 배웠을 때 문법에 과도하게 접근하는 것이다. 우리는 부정과거 시제(aorist tense)가 "특정 시점의 행위"(point action)를 의미 한다, 제1급 조건절(the first-class condition)은 "이유, 원인"(since)으로 번역해야 한다, 현재 명령형은 언제나 어떤 일의 진행을 의미한다, 등등 그렇게 들었다. 이러한 말들은 한편으로 오해의 소지가 있으며, 그 어느 것도 완전히 정확한 것은 아니다. 이것이 바로 용어의 기본 의미와 헬라어 문법의 규칙 그 이상의 것을 아는 것이 중요한가 하는 이유이다.

신약성경에 관한 권위 있는 참고 문법책은 *A Greek Grammar of the New Testament and Other Early Christian Literature*인데, 프리드리히 블라스(Friedrich Blass)와 알버트 데브루너(Albert Debrunner)가 저술했고 로버트 W. 펑크(Robert W. Funk)가 독일어판으로부터 번역했다(그래서 약어가 BDF). 영어 번역판은 추가된 수많은 참고 문헌을 포함하고 있으며, 항목들 내에 있는 자료의 구성을 향상시켰다. 설교자는 필요한 정보를 찾아내는데 유용한 인용문들의 색인을 발견하게 될 것이다.

문법이 헤아릴 수 없이 많은 점에서 석의와 접촉하고 있다는 것은 거의 말할 필요조차 없다. 예를 들면, 어떤 신약성경의 저자들은 *εἰς*와 *ἐν*을 혼동하는 반면, 다른 어떤 이들은 그것들을 신중하게 구분하고 있다. 따라서 설교자들은 신약성경의 저자들이 그러한 단어들을 사용할 때 그들이 각각 얼마나 다른지를 알기만 하면 쉽사리 "전치사 신학"(theology of prepositions)을 만들지는 않을 것이다. 주의 깊은 주석가는 또한 시제에 관한 요한의 특수 용법, 특히 현재완료와 과거완료에 대한 그의 편애를 이해하고 싶어할 것이다. BDF같은 안내서가 없이는, 우리는 이러한 지식을 모르고 또 다른 수백 가지의 사실들을 무시하게 될 것이다: 예를 들면, *αὐτός*는 단순히 "그"(he)를 의미할 수 있다는 것, *ἴδιος*는 종종 *τις*의 대체어로 쓰인다는 것, 몇몇 완료형들 (*ἤγγικα*와 *πέποιθα* 같은)은 현재의 의미를 가질 수 있다는 것, *ἵνα*가 언제나 "목적"(in order that)을 의미하지는 않는다는 것, 등. 이러한 종류의 지식은 보다 더 깊은 통찰력, 보다 더 건전한 석의, 그리고 보다 더 나은 설교를 가능케 한다.

8. 본문 주석서

헬라어 신약성경에 관한 5천여개 이상의 사본들과 사본의 단편들이 현재까지 남아 있으며, 또 다른 고대 언어들로 된 수천개 이상의 사본과 단편들이 남아 있다. 그리 놀랄 것도 없이, 여러가지 헬라어 사본들 사이에는 차이들이 있다. 이러한 차이점들은 대부분 상대적으로 중요하지 않은 것들이며, 신약성경 본문의 한 작은 부분에만 영향을 끼친다. 그럼에도 불구하고, 설교를 준비할 때 설교자는 이러한 차이점들에 근거한 양자택일의 읽기를 어쩔 수 없이 마주치게 된다. *Textus Receptus* 또는 「공인본문」이라고 불리우는, KJV 배후의 헬라어 본문은 번역할 때 거의 그대로 사용되어졌다. 한편 대부분의 현대의 영어 번역판들은 번역자들이 스스로 결정한 여러가지 다른 본문(eclectic text)에 의거하고 있다. 이러한 현대의 번역판들은 그 영어 문체 만큼이나 그 사용된 헬라어 본문이 KJV와는 아주 종종 다르다.

제4장에서는 본문비평에 관한 복잡한 학문을 좀더 상세하게 다룰려고 하는데, 이것은 최근에 얼마간의 맹렬한 논쟁과 함께 학자들의 관심을 다시 불러 일으켰다. 이 주제에 관해서 더 알고자 하는 사람들을 위하여 브루스 M. 메츠거(Bruce M. Metzger)의 「신약성경의 본문」(*Text of the New Testament*)가 현재 그 분야의 권위있는 교재로 추천할 만하지만, 어떤 이들은 J. 해롤드 그린리(J. Harold Greenlee)의 좀 덜 전문적인 「신약 본문 비평 개론」(*Introduction to New Testament Textual Criticism*)을 선호하기도 한다. 목회자들은 대개는 바로 이러한 전문 분야에 대한 고도의 지식을 요구받

지는 않지만 그러나 조금만 노력하면 대부분의 주석서들에서 다루고 있는 내용들을 이해하기에 충분할 만한 정도로 본문비평에 대하여 배울 수 있다.

아마도 연합성경 공회가 펴낸 *Greek New Testament*의 본문적 근거와 친밀해지기 위한 가장 유용한 도구는 메츠거(Metzger)의 「헬라어 신약성경에 대한 본문 주석서」(*Textual Commentary on the Greek New Testament*)일 것이다. 본문비평에 대해서 정식으로 훈련을 받지 않은 사람들은 메츠거의 서론을 주의 깊게 읽고 *GNT*에 있는 본문 비평장치에 대해서 가능한 한 많이 익혀 둘 것을 강력히 권고한다. 메츠거는 사본의 복사자들이 본문에 가했을 가장 가능성이 많은 그러한 종류의 오류나 변화들을 비전문적인 용어로 설명하고, 외적이고 내적인 기준들에 근거해서 서로 다른 이문(異文)을 어떻게 평가할 것인지를 보여주고, 그리고 신약성경의 본문과 문자적으로 관련이 있는(textually related) 증거들에 대한 부분적인 목록을 제공하고 있다. 이러한 정보는 *GNT*의 편집자들이 수천 개의 사본들에서 어떻게 하나의 헬라어 신약성경을 만들었는지를 알고자 한다면 반드시 필요하다. 메츠거의 책의 나머지 부분은 헬라어 본문에 있는 중요한 다른 이문(異文)들을 설명하고 그리고 각각의 경우에 문제가 되고 있는 주제들을 간략하게 요약하고 있다. 개인적으로 말하자면, 필자는 나 자신이 그 결론들에 동의하지 않는 것을 스스로 자주 발견하고 하지만 이 책보다 더 유용한 책을 거의 본 적이 없다.

그러나 이제 주의해야 할 점을 말할 차례이다. 현재 본문비평은 객관적인 학문이라고는 거의 말할 수 없다. 어떤 본문비평 학자들은 아직도 웨스트코트(Westcott)와 호트(Hort)를 따라서 알렉산드리아 본문(the Alexandrian text) 형태를 선호한다. *GNT*가 바로 이러한 경우인 것 같은데, 어떤 사람들은 그것을 새로운 "Textus Receptus"라고 부르고 있다. 사실 알렉산드리아 본문의 형태가 초기의 뛰어난 사본들에 근거하고 있긴 하지만, 그것은 종종 다른 이문(異文)을 선택할 때 어느 한 본문에 불공평한 비중을 부여한다. 이러한 경향이 메츠거의 *Textual Commentary*에서도 나타나는데, 거기서 많은 결정들이 초기의 알렉산드리아 본문을 뜻하는 "보다 더 나은"(better) 외적인 증거에 근거하고 있다고 말하고 있다. 더우기 *GNT*의 편집자들이 이론적으로는 아마도 비잔틴 본문(the Byzantine text)이 초기의 본문을 보존하고 있을 수 있다고 인정할지라도, 모든 실제적 목적들 때문에 그러한 본문 형태의 이문(異文)들은 "손상되었거나"(debased) "틀렸다고"(corrupt)하면서 무시된다. 그래서 현재는 비잔틴 본문에 너무 과중하게 의존하는 대신에(19세기 이전 학자들의 특징), 오늘날 학자들은 알렉산드리아 본문에 너무 과도하게 의존하는 것 같다. 두 극단들은 피해야만 한다.

9. 복음서 대조연구서(Synopsis)

그리스도의 생애에 대해서 4가지의 설명이 있다는 사실은 우리에게 "수평적으로" 생각하기를, 즉 복음서들 사이의 병행구절들에 대해 인식하고 어느 한 복음서의 독특성들을 바르게 평가하기를 요구한다. 이러한 인식을 얻기 위해서 우리는 복음서 대조 연구서－복음서들을 세로로 병행해서 대조시켜 놓은 책－를 참고해야 한다. 대조 연구서는 단지 대략적인 것으로 여겨져야만 하지만, 그것은 우리에게 다른 복음서들과 비교해서 어느 한 복음서의 언어와 배경에 대한 바른 평가를 제공할 수 있다.

대부분의 학자들은 언제나 바로 옆에 쿠르트 알란트(Kurt Aland)가 편집한 *Synopsis Quattuor Evangeliorum*을 가지고 있다. 이 제목은 단지 "4복음서의 대조연구"(Synopsis of the Four Gospels)의 뜻이며, 요한복음서도 포함하고 있다는 것을 나타내고 있다. 이 저서는 네슬-알란트 26판에 근거한 전체의 비평장치를 포함하고 있다. 또한 초대교회 교부들의 저작들에서의 병행구절들과 도마복음서의 전체 번역도 여기서 찾아볼 수 있다.

그러나 목회자들에게 훨씬 더 유용한 것은 위 책의 헬라어-영어판인 Synopsis of the Four Gospels이다. 이 책도 역시 쿠르트 알란트(Kurt Aland)가 편집했는데, 제2차 자료의 병행구절들이 빠진 반면 맞은 편에 문자역 영어 번역(RSV)—가장 큰 장점—을 싣고 있다. 복음서 대조연구서 자체는 각각의 복음서를 세로로 한 줄씩 해서 처음부터 끝까지 차례대로 실었다(정경에 있는 마태, 마가, 누가, 요한의 순서대로). 각 페이지 하단에 있는 귀중한 비평장치는 영어로 된 주요 번역판들에 있는 다른 이문(異文)들을 보여준다. 또한 이 책은 네슬-알란트 26판에 있는 헬라어의 다른 이문(異文)들에 대한 비평장치를 그대로 싣고 있다. 요약하자면, 알란트(Aland)의 「대조연구서」(*Synopsis*)는 전문적인 개가(a technical triumph)이며, 헬라어 본문의 가장 최근의 개정판과 더불어 권위 있는 영어 번역판을 제공하고 있다.

복음서들을 "수평적으로" 읽는 것이 유익하다는 것은 마태복음 17:1-9, 마가복음 9:2-10, 그리고 누가복음 9:28-36에 있는 변형기사에 대한 다음의 예에서 알 수 있다. 이 기사들을 비교하면 우리는 누가의 설명이 그의 이야기에서만 등장하는 독특한 기억할 만한 표현들로 가득차 있다는 것을 발견하게 된다. 그 예는 다음과 같다:

1. 기도에 대한 누가복음의 강조와 일치해서, 예수께서는 "기도하시러" 산에 올라가시며(9:28), 그리고 변형사건은 그가 "기도하실 때에" 일어난다(9:29).
2. 누가복음은 "용모가 변화되고"라고 설명함으로써(9:29) "변형되사"라는 (마태복음과 마가복음에 있는) 말을 분명하

게 설명하고 있다.

3. 누가복음에서만 모세와 엘리야가 예수의 예루살렘에서의 "별세"에 대하여 예수와 얘기하고 있다(9:31).
4. 누가복음에서 예수는 "랍비여"(마가복음)나 "주여"(Lord, 마태복음) 대신에 "주여"(Master, 9:33)라고 불리고 있다.
5. "저의 말을 들으라"라는 말의 헬라어 단어 순서가 누가복음에서만 강조형이다(*αὐτοῦ ἀκούετε*; 9:35).
6. 누가복음은 성부 하나님의 소리에서 마태복음과 마가복음의 "사랑하는 아들"을 "택함을 받은 자"(9:35)로 대체하고 있다.

누가복음의 변형기사에 대한 이해가 이러한 사실들에 대한 올바른 평가를 요구한다는 것은 명백하다. 변형산의 지리적인 동일시화 —고고학자들과 여행자들을 거룩한 땅에 열중케 하는 문제—는 누가복음의 관심사가 아닌데, 왜냐하면 누가에 있어서 그것은 우선적으로는 예배의 장소이기 때문이다. 그래서 변형되신 이는 *기도하시는* 예수이신데, 이는 예수를 믿는 자의 변형에 대한 중요한 암시를 제공하는 상세한 설명을 제공하는 것이다(롬 12:2 참조). 더우기 예수의 변형에 대해서 누가복음이 보다 분명하게 설명하는 것("용모가 변화되고")은 출애굽기 34:29에서 모세의 경험을 회상시키는데, 거기서 모세의 얼굴은 시내산에서 하나님을 만나고 있는 동안에 "광채가 났다." 예수의 "별세"(departure)에 대한 누가복음의 언급은 구세주의 죽음과 그의 성부께로의 완전한 이동(entire transit) 둘 다를 강조하며, 후자의 주제는 누가신학의 전형적인 관점이다. "주"(Master)를 사용한 것은 하늘의 음성의 낱말들("사랑하는 아들" 대신에 "택함을 받은 자")과 마찬가지로 예수의 권위에 대한 누가복음의 강조와 잘 어울린다. 이 모든 것이 "저의 말을 들으라"는 누가복음의 강조에서 적절하게 절정을 이루고 있는데, 즉 그 말은 물러가는 옛 사람들의 말과 예수의 말씀을 대조시키고 있다("주"께서 모세와 엘리야보다 더 큰 권위를 가지고 말씀하시는 것을 암시함). 마지막으로 누가복음에 있는 변형기사에 대한 배경에 관해서는, 복음서 대조연구서(Synopsis)는 변형사건이 예수의 생애의 마지막 즈음에 일어나는 것도 또는 장소가 가이사랴 빌립보인 것도(마태복음과 마가복음에서 강조되는 특징들) 아니라는 것을 보여 준다. 그 대신에 변형사건을 누가복음의 지리적인 관점과 관련되어 있다: 운명의 도시인 예루살렘을 향한 예수의 여정(Jesus' movement)은 애굽에서 운명의 땅인 가나안으로의 이스라엘의 출애굽을 그대로 되풀이하고 있다.

변형사건의 누가복음의 설명에 대한 위의 통찰력들은 또한 현대의 비평적 주석에서도 얻어질 수 있다. 그러나 주석자들의 정확성을 검토하려고 한다면 복음서 대조연구서는 여전히 필요하다. 당신은 경험을 통해서 복음서들 사이의 어떤 차이점들은 별로 중요하지 않지만 그러나 이러한 차이점들의 상당수는 중요한 신학적 강조점들을 밝혀 준다는 것을 발견하게 될 것이다.

10. 70인역(Septuagint)

모든 장래의 신약성경 해석자들은 70인역, 즉 헬라어 구약성경(약어로 LXX)을 손에 가지고 있을 필요가 있을 것이다. 권위 있는 본문은 *Septuaginta*인데, 알프렛 랄프스(Alfred Rahlfs)가 편집했고 미국성경 공회가 출판했다. 헬라어와 함께 영어 번역판을 원하는 학생은「구약 및 외경의 70인역」(*The Septuagint Version of the Old Testament and Apocrypha*)를 구입해도 좋다. 신약성경에 대한 영향이 여러 부분에서 나타나기 때문에 목회자는 70인역에 익숙해지는 것이 좋을 것이다. 70인역은 대부분의 신약성경 저자들에게 성경이었으며, 그리고 그들은 성경 인용의 대부분을 거기서 가져 왔다. 마태복음 13:14-15와 로마서 15:12는 그러한 구절의 예이다. 구약성경을 직접적으로 인용하지 않는 계시록조차도 구약성경의 언어로 가득차 있다. 더우기 "율법"(*νόμος*) "의"(*δικαιοσύνη*), 그리고 "화목제물"(*ἱλασμός*)같은 그러한 신약성경의 많은 신학용어들은 70인역에서 직접 가져왔기 때문에 70인역에서의 용법에 비추어서 이해되어야만 한다. 그래서 70인역은 분명히 신약성경 석의와 관련이 있으며, 그리고 *TDNT*와 *NIDNTT* 둘 다 70인역이 구약성경과 신약성경 사이의 중요한 연결 다리라는 것을 바르게 인정한다.

서재(書齋)의 확장

이제까지 우리들은 기본적인 참고 도서들—신약성경 헬라어 연구의 어떤 분야든지 당신으로 하여금 실제로 깊이 있게 탐구할 수 있도록 해주는 그러한 연구 도구들—을 살펴 보았다. 이 자료들은 비록 대부분의 대학과 신학교 도서관들에서 이용할 수 있지만 당신의 개인 서재에서도 또한 가능한 한 그 정도의 책들은 가지고 있는 것이 좋다. 이 항목에서는 반드시 필요한 것은 아니지만 그래도 중요한 책들을 계속해서 살펴 보고자 한다.

BDF 이외에 몇 가지 다른 신약성경 헬라어 문법책들은 고려할 만한 가치가 있다. 요즈음의 학생들은 다나(Dana)와 맨티(Mantey)의 「헬라어 신약성경 문법」(*Manual Grammar of the Greek New Testament*)를 안보지만, 이 책은 현재도 여전히 일반적인 중급 문법책이며 매우 쉽게 읽혀지는 장점을 가지고 있다. 필자는—만일 이 책이 신약성경 헬라어의 주요 특징들을 다루고 있고 많은 어려운 문장들을 검토하고 있는 C. F. D. 모울(C. F. D. Moule)의 「신약성경 헬라어의 관용어」(*Idiom Book of New Testament Greek*) 같은 책으로 보충이 된다면－이 책을 적극 추천하는 바이다. 그러나 간과해서는 안될 책은 제임스 H. 몰튼(James H. Moulton), 윌버트 F. 하워드(Wilbert F. Howard), 그리고 나이젤 터너(Nigel Turner)가 저술한 4권짜리인 *A Grammar of New Testament Greek*이다. 4권 모두 다 읽을 만한 가치가 있지만, 그러나 제3권 구문론편(터너가 저술)은 정말로 가장 중요한 책이다. 마지막으로 로마 소재의 교황청성경연구소(Pontifical Biblical Institute)의 막시밀리안 제르윅(Maximilian Zerwick)이 신학생들을 위해서 한권으로 된「성경 헬라어」(*Biblical Greek*)을 펴냈다. 문법책이라기 보다는 오히려 일련의 논문들로 이루어진 이 책은 종종 매우 훌륭하다. 속격 부분에 관해서 그의 책을 읽으면 아마도 동의하게 될 것이다.

헬라어 사전에 관해서 말하자면, BAGD는 소책자로 된 헬라어 사전의 보충이 필요하다. "소책자"(manual) 사전이란 보다 더 큰 참고서적과는 대조되는 "소규모의"(handy)의 도구를 말한다. 의심할 것도 없이 가장 좋은 그러한 사전은 죠지 애보트-스미스(George Abbott-Smith)의 *Manual Greek Lexicon of the New Testament*인데, 이 소형 사전은 기본적인 의미, 어원, 동의어, 그리고 헬라어 용법의 배후에 있는 히브리어의 인용 등을 담고 있다. 또한 많은 학생들이 애보트-스미스 사전의 부록에 있는 헬라어의 불규칙 동사편을 많이 참고하고 있다.

성경백과사전은 성경 연구의 많은 전문 분야들을 밝히려고 시도하는 책이다. 좋은 백과사전은 사실에 입각한 정보, 특수한 주제에 대한 포괄적인 개요, 그리고 그 이상의 연구를 위한 참고 문헌들을 수록하고 있다. 복음주의 학문 분야에서 가장 권위 있는 것은「국제 표준 성경 백과사전」(*International Standard Bible Encyclopedia (ISBE)*)인데, 현재 개정판이 나와 있다. 각 주제들에 관해서 인정을 받은 전공자들이 기고하고 제프리 W. 브로밀리(Geoffrey W. Bromiley)가 신중하게 편집한 새 *ISBE*는 신약성경 연구를 위하여 매우 훌륭한 지침서인데, 필자는 그 명확한 내용 때문에 빈번하게 이용하고 있다. 4권으로 된 이 사전은 목회자, 교사, 학생, 그리고 더 나아가서는 일반 독자－독자가 그 내용의 전문성 때문에 겁먹지만 않는다면!－를 위해서 기획되었다.

신약성경에 대한 서론은 해석에 관한 많은 문제들을 설명하고 그 다음에 가서 신약성경에 관한 책들을 다룬다. 아마도 가장 훌륭한 책으로는 도날드 거쓰리(Donald Guthrie)의 「신약서론」(*New Testament Introduction*) (김병국/정광욱 역), (서울: 크리스챤다이제스트, 1996)이라고 생각되지만, 그러나 에버렛 F. 해리슨(Everett F. Harrison)의 「신약개론」(*Introduction to the New Testament*), 랄프 P. 마틴(Ralph P. Martin)의 「신약의 초석」(*New Testament Foundations*), (정충하/원광연 역), (서울: 크리스챤다이제스트, 1997) 그리고 로벗 H. 건드리(Robert H. Gundry)의 「신약개론」(*Survey of the New Testament*) (김일우 역), (서울: 엠마오, 1993)도 그에 못지 않다. 당신이 이 중 어느 책을 선택하든지간에 당신은 그 책을 볼 때 신약성경 배경사에 관한 책을 같이 읽을 필요가 있다. 이 분야의 권위 있는 저서로는 F. F. 브루스(Bruce)의 「신약사」(*New Testament History*), (나용화 역), (서울: CLC, 1978) 보 라이케(Bo Reicke) 「신약성서 시대사」(*New Testament Ear*), (서울: 한국신학 연구소, 1992) 그리고 메릴 C. 테니(Merrill C. Tenney)의 「신약성경 시대」(*New Testament Times*) 등이 있다. 브루스의 책은 이 세 책 중에서 아마도 가장 널리 사용되는 책이며 그 정도의 질을 가진 다른 어떤 책에 비해서도 가격이 매우 저렴하다.

신약성경 신학은 헬라어 석의에 많은 공헌을 하고 있다. 도날드 거쓰리(Donald Guthrie)의 「신약신학」 (*New Testament Theology*) (정원태/김근수 역), (서울: CLC, 1993)은 포괄적인 내용과 읽기의 용이성 때문에 명성을 얻고 있으며(그 책은 종종 내용요약을 싣고 있다), 그 밖에 죠지 E. 래드(George E. Ladd)의 「신약신학」 (*Theology of the New Testament*) (신성종/이한수 역), (서울: 대한기독교서회, 1988)과 레온 모리스(Leon Morris)의 「신약신학」 (*New Testament Theology*) (황영철/김원주 역), (서울: 생명의 말씀사, 1992) 같은 더 짧지만 유용한 몇 가지 저서들도 있다. 신약성경 신학의 최근의 발전에 대한 비평에 관심이 있는 학생들은 게하르트 F. 하젤(Gerhard F. Hasel)의 「신약신학: 현대논쟁의 기본 이슈들」, (*New Testament Theology: Basic Issues in the Current Debate*) (서울: 엠마오, 1994)을 반드시 참고해야 한다.

헬라어 어휘가 부족하다고 느끼지 않을 사람이 누구겠는가? 고맙게도 여러 출판사에서는 학생들이 신약성경 단어들을 습득하는 것을 돕기 위해서 기획된 다양한 자료들을 펴내고 있다. 이 중에 가장 도움이 되는 것으로는 브루스 M. 메츠거(Bruce M. Metzger)의 「신약성경 헬라어 단어집」 (*Lexical Aids for Students of New Testament Greek*)과 로벗 E. 반 부스트(Robert E. Van Voorst)의 「신약성경 헬라어 어휘 사전」 (*Building Your New Testament Greek Vocabulary*)가 있다. 메츠거의 책은 신약성경 단어들을 빈도수 별로 수록하고 있는 반면, 부스트의 책은 중요한 헬라어 어근들과 거기서 파생된 단어들을 제공하고 있다. 반 부스트(Van Voorst)의 책은 대단히 훌륭하지만, 그러나 완전성과 유용성을 따지자면 메츠거의 *Lexical Aids*에 비길 만한 것이 없다.

신약성경 석의는 특수한 여러가지 방법들을 포함하기 때문에 학생들은 신약성경 해석에 대한 현재의 경향들을 알려 주는 안내서가 필요할 것이다. 초보의 신학생과 바쁜 목회자의 필요성에 주목해서 쓰여진 한 책을 소개하자면, 데이빗 도커리(David Dockery)와 필자가 편집한「신약의 비평과 해석」(*New Testament Criticism and Interpretation*)을 들 수 있다. 이 책은 16개의 복음주의적 신학교와 대학들에서 19명의 저자들이 기고한 신약성경 해석에 관한 논문들을 수록하고 있다. 각 장은 신약성경의 특수한 본문들에서 가져온 예들과 함께 신약성경 해석에 대한 방법론이나 주제를 해설하는 내용으로 이루어져 있다. 이 책은 "신앙"(faith)과 "비평"(criticism) 사이의 대결로부터의 건전한 전환을 보여 주는데, 그 전에 나온 책인 I. 하워드 마샬(I. Howard Marshall)이 편집한「신약해석학」(*New Testament Interpretation*)[3]과 같이 읽으면 아마도 매우 유익할 것이다.

신학교 교과과정에서는 종종 간과되기는 하지만, 몇몇 특별한 학습보조 도구들을 무시해서는 안된다. 원어대조 성경(an interlinear)은 헬라어 본문의 행(行)들 사이에 문자적 번역을 해놓은 헬라어 신약성경이다. 마샬(Marshall)의 것과 베리(Berry)의 것을 포함해서 현재 수많은 원어대조 성경이 시중에 나와 있다. 또한 미국성경공회가 펴낸 *Greek-English New Testament*도 있는데, 이 책은 한쪽 면에는 네슬-알란트판 헬라어 본문을 그리고 다른 한쪽 면에는 RSV를 싣고 있다. 다른 유용한 도구로는 벤자민 채프먼(Benjamin Chapman)의 *Greek New Testament Insert*가 있는데, 헬라어 본문으로는 연합성경공회(the United Bible Societies)의 *Greek New Testament Insert*가 사용되었다. 이 책은 헬라어 문법의 기초적인 내용들을 포함하고 있으며 구문론에 대해서도 상당 부분을 할애하고 있다. 채프먼은 또한 헬라어 어형론과 구문론의 기본적인 내용들을 포함하고 있는 A4 사이즈 크기 정도의 투명 플라스틱으로 덧입힌 카드들을

3)「신약해석학」, (이승호/박영호 역) (서울:크리스챤다이제스트, 1994)

내놓았다. 피에르 기유메뜨(Pierre Guillemette)의 *Greek New Testament Analyzed*는 비평장치에 있는 단어들을 포함해서 헬라어 신약성경에 있는 모든 단어들의 문법분석을 싣고 있다.

석의와 설교에 관한 훌륭한 정보는 성경 연구를 전문으로 하고 있는 정기 간행물이나 월간지에서도 얻어질 수 있다. 필자가 알기로 석의적으로 설교하려는 생각이 있는 목회자에게 가장 유익한 정기 간행물들로는 다음의 것들이 있다: *Bibliotheca Sacra*(Dallas Seminary), *Criswell Theological Review*(Criswell College), *Interpretation*(Union Seminary), *Review and Expositor*(Southern Seminary), 그리고 *Southwestern Journal of Theology*(Southwestern Seminary). 이 정기 월간지들 각각은 그 관점이 언제나 설교자의 입장을 유지하고 있으며 종종 학자적 입장의 관점도 포함하고 있다.

마지막으로, 몇 가지 최근의 신약성경 헬라어의 학문 분야는 언어학 – 언어에 대한 과학적인 학문 – 의 방법들과 결과들을 도입하려고 시도해왔다. 피터 카터럴(Peter Cotterell)과 막스 터너(Max Turner)의 *Linguistics and Biblical Interpretation*은 독자들이 최근의 경향들을 주목할 수 있게 하고 그리고 모이세스 실바(Moisés Silva)의 *Biblical Words and Their Meaning*과 요하네스 P. 류(Johannes P. Louw)의 *Semantics of New Testament Greek* 같은 좀더 수준 높은 대작들에 접근할 수 있게 해줄 것이다. 필자의 *Linguistics for Students of New Testament Greek*은 헬라어 문법을 당대의 논의(그리고 논쟁)의 가운데에 놓으려는 시도이다. 물론 통합적 접근방식이 헬라어 학문 분야에서 이 시대의 산물일지 아니면 끊임 없는 발전을 가져올지의 여부는 더 두고 보아야 한다.

그러나 신약성경 헬라어 연구에서 언어학적인 진보가 이루어진다면 그 영광은 요하네스 P. 류(Johannes P. Louw)와 유진 A. 나이다(Eugene A. Nida)의 두 권으로 된 *Greek-English Lexicon of* *the New Testament Based on Semantic Domains*에 돌아가야 한다. 모든 사전이 그 주제에 대해서 이 사전만큼 그렇게 많은 열정을 불러일으키지는 않는다. 이 사전의 14페이지로 된 서론에서보다 단어의 의미에 관한 더 간결한 논문이 다른 어디에 있는지 필자는 의심스럽다; 그리고 독자들은 제2권에 있는 색인들에서 엄청난 정보를 얻을 수 있을 것이다. 서론과 색인들 사이에 있는 내용에서 사용자는 알파벳 순서가 아니라 93개의 "어의론(語義論)의 영역"(semantic domains), 즉 상관어 사이의 의미 분야들에 관한 항목으로 배열되어 있는 신약성경의 어휘들을 보게 될 것이다. 이 새로운 사전의 목적은 하나의 주어진 개념에 대하여 신약성경의 단어들이 어떻게 서로 비교 및 대조되는지를 보여주는 것이다. 예를 들면, 다음의 단어들은 상호 관련된 의미들을 가지고 있으며 그래서 이 사전의 같은 부분에서 발견된다: *νοῦς*, *καρδία*, *συνείδησις*, *φρήν*, 그리고 *πνεῦμα*. 이렇게 해서 류(Louw)와 나이다(Nida)는 다른 책에서는 찾아볼 수 없는 중요한 정보를 보충함으로써 BAGD를 보완하고 있다.

성경 관련 컴퓨터 프로그램

컴퓨터의 도움으로 성경 본문에 관한 상당한 연구가 현재 진행중에 있다. 히브리어와 헬라어 활자들을 포함하는 다국어 워드프로세서(multilingual word processors)가 현재 판매되고 있다. 그뿐 아니라 헬라어 신약성경은 다양한 소프트웨어 패키지(묶음, 다발)로 이용이 가능하다. 설교 준비의 어떤 일상적인 면들은 그러한 소프트웨어(예를 들면, 수많은 본문을 보여 주는 단어 찾기)를 사용하면 매우 효과적으로 수행할 수 있다. 문법적 분석에 있어서 컴퓨터의 사용은 또다른 유익한 영역이다. 예를 들면, 문법적인 분석을 포함하고 있는 헬라어 신약성경 콘코던스인 gramcord는 어형론적 분석 뿐만 아니라 구문론적 분석을 용이하게 한다. 외국 언어의 문자를 포함하는 문서작업(word processing)은 지금은 쉽게 할 수 있다. 그리고 다른 컴퓨터와의 공동 네트워크의 사용은 대부분의 학문 기관 사이의 신속한 커뮤니케이션을 가능케 한다. 순식간에 저장하고 검색하고 편집하는 능력 때문에 컴퓨터는 어떤 설교자에게나 없어서는 안될 도구이다.

목회자들은 다음의 소프트웨어 패키지들이 설교 준비에 특히 도움이 된다는 것을 알 수 있을 것이다:

1. *CDWord*. 성경 연구 패키지로써, 4개의 영어 성경 번역판, 헬라어 신·구약 성경(외경 포함), 두 개의 성경사전, 전체 성경에 대한 한 권씩으로 된 세 종류의 주석서, 세 개의 헬라어 사전, 그리고 디지탈화된 그래픽들(예를 들면, 지도와 도표들)을 수록하고 있다. 교차대조 시스템(a cross referencing system)은 다양한 자료들을 함께 연결한다. IBM 컴퓨터와 CD-ROM 플레이어가 필요하다. 달라스 신학교를 통해서 구입이 가능하다.
2. *Holy Bible*. 세 개 번역판의 완전한 성경 본문을 수록: NIV, RSV, 그리고 KJV(RSV와 KJV는 외경을 포함). 아무 기종의 Mac(매킨토시)과 800K 드라이브가 필요하다. Linguist's Software사 제품.
3. *Mac Bible*. 다국어로된 성경 프로그램으로써 NIV, KJV, NAB, 그리고 NRSV를 포함하고 있다; NIV 학습 성경(study Bible)의 각주들과 「성경난제 백과사전」(*Encyclopedia of Bible Difficulties*)를 수록하고 있다. Mac Plus나

그 이상의 기종과 1MB 램, 그리고 800K 디스크 드라이브가 필요하다. 하드 디스크 드라이브면 충분하다. Zondervan Electronic Publishers사 제품.

4. *MacConcord I(KJV)*. 일련의 MacWrite 자료가 특징적인 신약성경 콘코던스로써 KJV에서 만여 개 이상의 참고 항목들을 발췌·수록하고 있다. 신학적인 주제와 실제적인 주제 둘 다 다루고 있다. 외부 디스크 드라이브나 또는 하드 디스크 드라이브, 그리고 MacWrite나 Microsoft Word 또는 이에 버금가는 워드 프로세싱 프로그램이 필요하다. Medina Software사 제품.
5. *MacGreek New and Old Testaments*. 연합성경 공회가 펴낸 *Greek New Testament*와 랄프스(Rahlfs)가 편집한 70인역 본문을 포함하고 있으며, 알렉산드리아 사본과 바티칸 사본의 본문 전체를 수록하고 있다. 부호, 액센트, 이오타 부기(*iota* subscripts), 분음 부호, 그리고 이러한 것들의 조합을 위해서 키 하나만 누르면 되도록 프로그램된 자동 무삭제 백스페이스 기능(automatic nondeleting backspacing)을 가지고 있다. Microsoft Word와 MacGreek이나 LaserGreek이 필요하다. Linguist's Software사 제품.
6. *Scripture Fonts*. WordPerfect 5.0과 5.1로 사용할 수 있는 헬라어와 히브리어 활자를 수록하고 있다. 히브리어와 헬라어를 지원하기 위해서 스크린 디스플레이, 키보드 레이 아웃, 그리고 프린터 활자를 결합하고 있다. WordPerfect 5.0이나 5.1이 필요하다. Zondervan Electronic Publishers사 제품.
7. *TLG Engine*. 주후 600년 이전의 헬라 문헌의 5천 8백 5십만 단어 데이타베이스인 어바인 소재 캘리포니아 대학(the

University of California at Irvine)의 Thesaurus Linguae Graecae 프로그램에 접속해야 한다. TLG Engine은 읽기를 위해 포맷된 Super-Greek ASCⅡ 코드로 데이타베이스를 전환시킨다. 그 MB램의 Mac이 필요하다. Linguist's Software사 제품.

8. *VerseSearch V5.* 성경 전체 본문을 수록하고 있으며 어떤 영어 단어나 구절이든지 찾을 수 있는 프로그램들을 가지고 있다. KJV, NIV, NKJV, RSV, NRSV, 그리고 Reina Valera(스페인어 성경)로 이용이 가능하다. 헬라어 성경의 문자적 번역은 영어 단어에 부가된 스트롱(Strong)의 참고 번호들을 이용해서 KJV나 또는 NIV 신약성경 본문에 접근할 수 있게 한다. Mac Plus 또는 그 이상의 기종과 1MB램이 필요하다. Bible Research Systems사 제품.

결 론

정규적으로 설교하는 우리 모두는 현재보다 더 많이 연구해야 한다는 것을 알고 있다. 우리는 또한 그 길에는 끊임없는 방해물들이 있다는 것도 알고 있다. 주요 장애물은 소요된 시간과 에너지의 양이다. 설교자의 삶에서 가장 무거운 짐은 개인적인 연구를 위한 시간을 찾는 것인 것 같다. 목회자의 연구에 대한 죄와 유혹은 엄청나다. 현재 목회직에 있는 죄인으로서 필자는 인내심과 의지의 부족으로 매우 부족하다고 하는 것을 필자가 원하는 것보다 더욱 더 인정해야만 한다. 그러나 우리가 "서재"라고 부르는 방의 모든 목적은 공부하는 것이다. 목회자가 라디오나 듣고 신문이나 뒤적이고 있으면, 진지한 석의는 죽은 것과 마찬가지이다.

필자와 같이 조금은 엄격한 이러한 평가를 공감했던 다른 설교가들은 필자가 그들의 곤궁을 과장하지 않았다는 것을 필자에게 확신시켜 주고 있다. 오늘날 대부분의 목회자들은 세 가지 일을 가지고 있다: 목회적 돌봄, 행정, 그리고 설교. 이 각각은 다른 종류의 기술을 필요로 하며, 그리고 적합하게 행해진다면 이들 각각은 전임사역(a full-time job)이 될 수 있을 것이다. 목회자들이 그들의 모든 시간을 공부하는데 할애할 수 없으며 더우기 행정가, 상담가, 조직가 등이 될 수 없다는 것은 명백하다. 그러나 어떤 목회자도 진지한 연구를 무시할 수 없다. 기독교인의 믿음은 검토되고, 숙고되고, 가르쳐지고, 설교되고, 그리고 열정적으로 보존되기 위해서 주어 졌다. 그리고 석의가 이 모든 활동에서 지극히 중요한 요소라는 것은 아주 분명하다. 따라서 어떤 목회자도 목회적 소명의 임무 가운데서 하나님의 말씀에 대한 진지한 연구를 최우선의 자리에서 떨어뜨리는 것을 정당화할 수 없다.

요약하자면, 필자는 설교를 하면 할수록 개인적인 연구와 그 시대의(수집된) 공동의 지혜가 조화를 이루어야 한다는 것을 더욱 더 확신하게 된다. 우리는 성경을 이해하는 것은 성령의 조명하시는 사역일 뿐이라고 생각하도록 유혹을 받을 수도 있다("내가 성령을 소유하고 있다면 왜 나는 속격의 12가지 용법을 알아야 될 필요가 있는가?"). 그러나 성령은 우리 스스로 얻을 수 있는 정보를 나누어 주시지는 않는다. 해돈 W. 로빈슨(Haddon W. Robinson)이 이에 관해서 잘 지적하고 있다: "완전함(integrity)은 물론이고 정확성(accuracy)은, 성령이 전달하시려고 결코 의도해 본 적이 없는 것을 하나님의 이름으로 선포하는 것으로부터 자신을 지키기 위해서 우리가 가능한 모든 기술을 연마할 것을 요구한다."[4] 이 책들을 책장에서 빼내서 우리의 손으로 가져가야 될 충분한 이유가 아니겠는가?

당신의 생각은?

이 장에서 언급된 참고 도구들 중에서 어느 것을 당신은 지금 가지고 있는가? 이 목록에 추가하고 싶은 도구가 있는가? 구입하고 싶은 도구들의 목록을 중요한 것부터 차례대로 적어보라.

---

4) Haddon W. Robinson, *Biblical Preaching: The Development and Delivery of Expository Messages* (Grand Rapids: Baker, 1980), p. 59.

제 3 장

자신을 적응시키기

헬라어 석의의 본질과 과제

석의는 교회의 본질적인 과제 중 하나이다. 그것은 사람들에게 그리스도와 그 나라를 가리키기 위해서 존재한다. 다른 어떤 것보다도 이러한 사실이 복음주의적 신학교들의 교과과정에서 성경을 계속 그 중심 자리에 놓이게 했다. 설교와 교육에서 읽혀지고 연구되며 검토되고 명료하게 표현되는 하나님의 말씀이 없다면, 교회는 그 말씀으로 형성되고 개혁되는 교회이기를 포기하는 것이다. 그 대신에 그러한 교회는 자신에 대해서 이야기하고 세상의 말을 반복하고 개인 위주의 경건으로 퇴보하기 시작한다.

불행하게도—그리고 종종 신학교들 자체에서의 혼동 때문에—교역자들은 빈번하게 성경의 해석자로서의 그들의 임무에 대해서 확신을 갖고 있지 못하다. 성경해석학에 관한 책들이 최근에 늘어나는 것은 "성경을 해석" 한다는 것이 무엇을 뜻하는지 적절하게 정의하기가 얼마나 어려운가를 보여주는 것이다. 해야 할 많은 일들이 남아 있으며, 그리고 복음주의 진영에서조차도 사람이 유용하게 따를 수 있는 몇 가지 길이 있다. 그러나 복음주의적 해석학에 관한 최근의 책들의 모든 믿을 만한 통찰력에도 불구하고, 석의의 본질과 과제에 관한 전문적인 견해가 여전히 다양하게 나누어져 있다는 것은 피할 수 없는 사실이다. 해석의 여러 단면(역사적, 문법적, 구문론적, 구조적, 신학적 등)에 관한 강조는 시대적으로 그리고 문화적으로 변천하리라는 것은 명백하다.

이 모든 것은 학자들이 그들의 방법론에 대해서 결코 전적으로 냉정하지 않다는 것을 분명히 말해주는 것이다. 그들은 그들이 양육받고 교육받은 전통에 속하는 수많은 가정들을 불가피하게 그들의 작업에 끌어들인다. 무엇보다도 먼저, 학자들은 그들의 과제에 대한 최종적이고 환원시킬 수 없고 불변하는 정의를 발견한 척 할 수는 없을 것이다. 석의라는 주제에 관해 글을 쓰는 사람이면 누구든지 성취하고 싶어하는 모든 것은 그가 전해 받고 이해한 전승을 가지고서 그것을 더 넓은 신앙공동체와 관련시키려고 시도하는 것이다. 그래서 몇 가지 비평적인 연결점에서 필자는 조금은 개인적인 결론에 도달했는데, 독자는 여기에 제시한 자료들을 가능한 한 비판적으로 다루어 주기를 바란다. 그럼에도 불구하고, 현대의 교회를 위해서 석의를 할 때 사용되는 폭넓은 기준들에 관한 합의에 최소한 도달하는 것은 여전히 가능하다. 그러한 목표를 염두에 두면서 다음 부분에서는 뒷 부분의 더 깊은 논의를 위한 기초로써 석의에 대한 실용적인 정의를 제시하려고 시도할 것이다.

석의의 정의

필자는 우리가 책상에 앉아서 신약성경의 어떤 본문을 연구하려고 할 때마다 스스로에게 묻고 싶어하는 질문 세 가지를 제시해 보겠다.

1. 내가 선택한 본문이 성경적으로 어디에 적합한가를 나는 알고 있는가?
2. 그 본문이 말하고 있는 것에 대해서 나는 정말로 확신하고 있는가?
3. 내가 본문에 관해서 반드시 말해야 하는 것으로부터 다른 사람들이 유익을 얻을 수 있을까?

필자가 보기에 이 세 가지 질문은 석의적으로 매우 중요한 질문인 것 같다. 문제는 언제나 동일하다: 원래의 배경에 비추어서 그리고 현대의 적용의 견지에서 본문에 대한 바른 이해를 나는 가지고 있는가? 누구든지 주석적 설교를 해본 사람은 불가피하게 이러한 기본적인 질문을 가지게 된다. 또한 그러한 질문을 하는 방식에는 논리적인 순서가 있다. 우리는 "이 본문이 *지금* 어떤 의미를 가지고 있는가?"라는 물음으로 시작하지 않고, 대신에 "이 본문이 *원래* 어떤 의미였는가?"라는 질문으로 시작한다. 우리는 성경이든지 아니면 현대소설이든지간에 어떤 본문은 반드시 원래의 역사적 배경의 견지에서 이해되어져야 한다는 것을 어느 정도는 알고 있다. 다른 한편으로 우리는 또한 그 본문이 가졌던 예전의 의미에 대한 질문에만 머무르는 것이 부적절하다는 것도 알고 있다. 왜냐하면 성경은 결국에는 그 빛이 어떻게 당대의 문제들을 비출 수 있는지에 대한 질문을 하도록 우리를 촉구하기 때문이다.

우리처럼 시각적인 것에 익숙한 세대에서는 이러한 질문들을 기하학적인 용어로 살펴보는 것이 도움이 될 것이다. 석의는 세 가지의 다른 상호 관련된 각도에서 본문을 접근하는 것이 필요하다. 첫째로, 석의에서 우리는 본문의 성경적이고 역사적인 배경을 밝혀내기 위해서 정밀하게 조사하면서 본문을 바라본다(look *at*). "바라본다는 것"은 우리가 본문의 "위에"(above) 서서 전체를 바라다볼 수 있는 관점을 얻으려고 시도한다는 것을 의미한다. 둘째로, 석의자로서 우리는 본문 "안에"(within) 서서 모든 이용 가능한 언어학적인 도구를 사용해서 그 의미를 밖으로 끌어내는 것을 통해 본문 "내부에서"(inside) 또한 바라보아야 한다. 석의는 문법적인 해석을 위한 적절한 규칙들과 절차들을 확립함으로써 이 단계를 더 진전시키는 것이 목적이다. 셋째로, 석의는 우리가 본문을 넘어서서(beyond) 볼 때까지는 완전하지 못한데, 그 까닭은 설교자로서의 우리의 과제는 성경 자체를 위해서 성경을 이해하는 것이 아니라 우리 자신을 포함해서 현대의 청중들을 위해서 성경을 해석하는 것이기 때문이다. 이 점에서 우리는 본문 "아래"(under) 서서, 기꺼이 그것에 복종하고 그 구원의 진리를 개인적이면서도 의미 있게 만드는 방식으로 그것을 선포한다.

성경적 설교에 전념하는 해석자는 언제나 본문의 "위에", "내부에", 그리고 "아래에" 서 있는 것이 발견되어질 것이다. 이 세 가지 관점이 석의적 과제의 본질을 구성한다. 좀 덜 도형적으로 설명하자면, 석의에는 탐구해야 할 세 가지 기본 영역이 있는데, 그것을 우리는 배경(context), 의미(meaning), 그리고 의의(significance)로 부를 수 있다. 배경(context)에 관한 질문은 역사적이고 문학적이다. 역사적 배경은 저자와 원래의 청중이 직면하고 있는 종교적, 정치적, 그리고 문화적 상황과 관련되어야 한다. 문학적 배경은 본문이 발견되는 자료의 양식적 특징(장르) 뿐만 아니라 본문이 그당시의 직접적인 상황에 적합한 방식을 다룬다. 의미(meaning)에 관한 질문은 기본적으로 여섯 가지이다: 본문적(textual, 원래의 어휘를 다룬다), 사전적(lexical, 단어들의 의미를 다룬다), 구문론적(syntactical, 단어들 상호간의 관계를 다룬다), 구조적(structural, 본문의 전체적인 배열을 다룬다), 수사학적(rhetorical, 양식과 의미와의 관계를 다룬다), 그리고 전승비평적(tradition-critical, 본문의 배후와

내부에 있는 전승들을 다룬다) 의미에 관한 질문이다. 마지막으로, 의의(significance)에 관한 질문은 두 가지를 포함한다: 신학(우리가 듣는 것)과 선포(우리가 설교하는 것).

필자는 위에서 논의된 개념들을 사용해서 석의에 대한 개요로 나아가기 위한 석의적 과정에 대하여 충분하게 설명했다. 다른 접근 방법들도 물론 가능하지만—석의의 흥미있는 면 중의 하나는 상소섬을 어디에 두어야 하는지를 아는 것이다—그러나 이것은 우리의 과제를 바라볼 수 있는 하나의 방법이다:

1. "위"(above)로부터의 관점	**우리는 어디에서 우리의 본문을 발견하는가?**
a. 역사적 분석	저자와 독자들이 직면한 상황은 무엇이었는가?
b. 문학적 분석	본문은 전체의 책에 어떻게 기여하는가?
2. "안"(within)으로부터의 관점	**우리의 본문은 최초의 독자들에게 무엇을 전달했는가?**
a. 본문의 분석	원래의 본문은 무엇인가?
b. 사전적인 분석	본문에서 중요한 단어들은 무엇인가?
c. 구문론적인 분석	그 단어들이 어떻게 서로 관련되어 있는가?
d. 구조적인 분석	저자는 본문을 어떻게 배열했는가?
e. 수사학적 분석	저자는 의미를 전달하기 위해서 양식(form)을 어떻게 사용했는가?
f. 전승의 분석	저자는 그 본문에서 이전의 전승들을 어떻게 활용했는가?

3. "아래"(under)로 부터 의 관점	**우리의 본문은 현대의 삶에 어떻게 적용이 되는가?**
a. 신학적 분석	본문에서는 어떤 성경적 진리가 분명한가?
b. 설교적 분석	나는 어떻게 해야 이 진리를 가장 잘 선포할 수 있겠는가?

석의자의 연구는 일련의 구별되면서도 상호 의존적인 훈련을 포함한다는 것이 이제 명백해질 것이다. 본문이 그 차지하는 위치에 관하여 성경 내에서는 고정되어 있지만, 해석을 위해서는 어떤 의미인지 역사적으로 그리고 문학적으로 불분명한 경우가 매우 빈번하다. 그래서 석의자는 본문이 나오는 작품의 일반적인 특징 뿐만 아니라 본문의 역사적 배경을 확립하는 것에 대해 심사숙고해야 한다. 그 다음으로, 석의자의 언어적 능력이 본문 자체를 이해하려고 할 때 활용된다. 마지막으로, 해석자는 저자의 메시지와 현대 독자에 대한 메시지 상관성을 바르게 평가하는 것을 목표로 삼아야 한다.

그러므로 요약하자면, 석의는 본문의 성경적 배경에 대한 정확한 지식과 함께 시작한다. 어떤 본문도 어떤 의미에서는 본문 자체와는 상관이 없지만 그러나 그럼에도 불구하고 그 의미를 이해하기 위해서는 필수적인 이러한 역사적이고 문학적인 요소들을 고려함이 없이는 해석되어질 수 없다. 그 다음으로, 석의는 쓰여진 단어들을 통해서 표현된 저자의 생각에 대한 신중한 연구에 의해 얻어져야 하는, 본문 자체에 대한 정확한 이해를 요구한다. 마지막으로, 석의가 단지 본문에 대한 사실의 전달에만 그치는 것이 아니라 의미있는 적용을 제시할 수 있도록 하기 위해서 석의는 삶의 경험에 대한 폭넓은 지식을 요구한다.

설교도 또한 이 세 가지 특성(dimensions)을 공유한다. 설교는

역사적 특성을 가지고 있는데, 왜냐하면 그것은 초대교회로 그리고 심지어는 그것을 넘어서서 예수 자신의 삶에로까지 거슬러 올라가서 사람들을 고대의 전승과 연결시키기 때문이다. 설교는 *문법적* 특성을 가지고 있는데, 그것 자체의 권위로 사람들이 저자의 사상 세계에 들어가서 그것을 이해하도록 돕기 때문이다. 또한 설교는 *개인적인* 특성을 가지고 있는데, 왜냐하면 설교되고 들려진 메시지를 각자 자기의 것으로 만들도록 하는 것 이 설교의 목표이기 때문이다. 그래서 거리를 둔 관찰자로서 본문 "위"(above)에, 부지런한 해석자로서 본문 "안"(within)에, 그리고 헌신된 제자로서 본문 "아래"(under)에 섬으로써, 설교자는 현대의 청중을 위해서 책임있게 본문을 해석할 수 있게 되는 것이다.

석의의 가치

위의 분석이 석의적 과제에 대해서 상당히 정확한 기술이라고 할지라도, 그것이 해석학의 문제를 해결하는가? 거의 그렇지 않다. 석의를 가르치는 과목에서 필자는 다음과 같은 말을 여러 번 들었다: "이것은 흥미로운 얘기인 것 같기는 하지만, 그러나 한 본문을 이해하는데 이 모든 것이 정말로 필요한가?" 이러한 질문은 어떤 논쟁적인 의도에서 생겨나는 것이 아니다; 그 반대로 목회를 준비하는 신학생들은 성경의 권위를 손상시킬 수도 있는 어떤 형태의 "비평"(criticism)이든지간에 정당하게 조심하는 것이다. 필자도 그러한 관심을 가지고 있다. 석의가 비록 중요하기는 하지만, 만약에 접근 방법이 본문의 의미를 이해하거나 전달하는데 있어서 별로 상관이 없거나 주변적인 일종의 문법주의가 된다면 그것은 실제로는 설교를 방해할 수 있다.

그러나 필자는 우리가 석의적 연구를 확실하게 한다면 우리의 믿음—또는 다른 사람의 믿음—을 손상시키는 것에 대해 걱정할 필요가 없다고 확신한다. 석의를 두려워하는 대신에, 우리는 본문에 대한 우리의 많은 연구가 설교적 경향을 가지고 있다는 것과 그리고 석의의 여러 가지 구성 요소들은 본문의 현대적 적용과 관련이 있으며 그러한 적용에로 진척될 수 있다는 것을 인식해야 한다. 그러므로 앞으로 더 나아가기 전에 위에서 논의한 석의적 방법들의 실제적인 면들 중에서 몇 가지를 분명하게 설명하는 것이 도움이 될 것이다.

본문에 대한 탐구

1. 역사적 분석

모든 유능한 석의에 기본적인 것은 역사적인 그리고 문학적인 배경에 대한 연구이다. 역사적 분석의 전형적인 관심은 저자, 청중, 연대, 원인, 목적, 문화적 및 사회적인 영향, 그리고 다른 모든 관련된 배경 문제들을 포함한다. 이러한 문제들에 민감한 것이 고대 역사에 대한 하품을 자아내는 설교를 요구하지는 않는다; 세부적인 가장 중요한 문제들을 간단히 설명하는 것으로 충분하다. 예를 들면, 프란시스 쉐이퍼(Francis Schaeffer)는 "생명의 물"(요 7:1-39)에 관한 그의 설교를 다음과 같은 역사적인 설명으로 시작한다:

> 초막절은 유대인들이 출애굽 후에 광야를 건널 때 한동안 살았었던 것을 기억나게 하기 위해서 하나님께서 매년 이 기간 동안 초막에서 살도록 그들에게 명령하셨기 때문에 그렇게 이름이 붙여졌습니다. 그 후 수십 세기를 거쳐서 오늘날까지 유대인들은 이 절기를 지켜 왔습

> 니다. 광야 생활 동안 하나님은 두 번이나 바위에서 물이 나오게 하셨으며, 그래서 이 절기는 그것을 또한 다시 제정했습니다. 사실 이에 대한 회상은 이 절기의 전문적인 부분으로 발전했으며 엄청난 중요성을 가지고 있었습니다. 명절 끝 날, 곧 "큰 날"에 광야에서의 하나님의 예비하심을 보여주기 위해서 백성들 앞에서 물을 쏟아 붓는 큰 의식이 있었습니다. 백성들이 물을 쏟아 붓는 이 외식을 기다릴 때 쌓여진 열정의 힘, 즉 그 상황에 대한 그러한 순수한 열정적 신앙은 거의 참아내기 어려운 것이었다고 비성경적인 자료들은 기록하고 있습니다. 물이 쏟아지고 나면 명절은 끝납니다.[1)]

쉐이퍼(Schaeffer)는 계속해서, 예수께서 서서 둘러선 모든 청중들에게 다음과 같이 말씀하신 것은 바로 이 때였다고 말한다: "누구든지 목마르거든 내게로 와서 마시라 나를 믿는 자는 성경에 이름과 같이 그 배에서 생수의 강이 흘러나리라"(요한복음 7:37-38). 여기서 전체 설교가 초막절을 둘러싼 역사적 내용들로 설명되고 있다. 모든 메시지가 그렇게 역사와 연결될 수 있거나 연결되어져야 하는 것은 아니지만, 이 경우에 예수의 사역을 이 명절 기간에 두지 않는다면 그의 말씀을 적절히 이해하는데 치명적인 손상을 줄 것이다.

요한복음 뿐만이 아니라 신약성경의 모든 책들이 그 책이 생겨난 역사적 상황에 대한 지식을 요구한다. 예를 들면, 대부분의 신약성경의 서신들은 편지를 받는 교회들에서 일어난 특수한 상황이나 문제들을 다루고 있다. 신약성경 개론에 관한 과목들의 목적은 이러한 책들에 대한 필수불가결한 배경 정보를 제공하는 것이다: 누가 본문을 썼는가? 언제 어디서 쓰여졌는가? 수신자는 누구인가? 이러한 종류의 정보가 재미가 없거나 상관없는 것처럼 보일지라도, 만약에 본문이

---

1) Francis A. Schaeffer, *No Little People: Sixteen Sermons for the Twentieth Century*(Downers Grove, Ill.:InterVarsity, 1974), p. 213.

원래의 배경의 언어로 들려져야 한다면 그것은 절대적으로 필요한 것이다. 그래서 "신약성경 개론"은 특수한 신약 성경의 본문들에 대한 연구를 위해서는 대단히 큰 의미를 가지고 있다.

2. 문학적 분석

위에서 논의한 역사적 배경에 대한 문제 뿐만 아니라 문학적 배경 또한 주목해야 한다. 대체로 세 단계의 문학적 분석이 필요하다: 경전적(the canonical), 간접적(the remote), 그리고 직접적(the immediate) 배경. 경전적 배경은 성경 자체에서의 그 본문의 위치이다. 간접적 배경은 단락들, 장, 또는 성경 전체까지도 포함한다. 직접적 배경은 본문의 바로 앞뒤에 나오는 그러한 절이나 단락으로 구성된다.

문학적 배경에 주의를 기울이는 것이 설교에 유익하다는 것은 증명의 필요성 차원을 넘어서야 한다. 그의 책 「성경적 설교」(*Biblical Preaching*)에서 해돈 W. 로빈슨은 다음과 같이 말하고 있다: "본문의 한 절(the passage)을 보다 더 넓은 틀 속에 놓는 것은 정말로 우리가 어떤 책의 저자에게 제공하는 것과 똑같은 기회를 성경에 제공하는 것이다."[2] 그러나 어니스트 헤밍웨이(Ernest Hemingway)의 소설을 단 한 단락도 결코 읽어본 적이 없는 바로 그러한 사람들은 자기 자신이 선호하는 구절들과 함께 성경을 조각조각 내는 것을 아무렇지 않게 생각할 것이다. 수많은 사람들이 개개의 절들은 단지 더 큰 문맥의 구성요소라는 것을 깨닫지 못한 채 성경의 개별 구절들을 암기해 왔다. 예를 들면, 로마서 3:23은 단지 한 문장의 일부일

---

2) Haddon W. Robinson, *Biblical Preaching: The Development and Delivery of Expository Messages* (Grand Rapids: Baker, 1980), p. 58.

뿐인데도, 우리는 단지 그 부분만 알고 있고 나머지는 잊어버린다. 마찬가지로, 히브리서 13:5b에서 하나님의 도우심에 대한 약속("내가 과연 너희를 버리지 아니하고 과연 너희를 떠나지 아니하리라")은 만약에 우리가 5절 a의 명령("돈을 사랑치 말고 있는 바를 족한 줄로 알라")을 무시하면 무의미하다. 보다 적절하게 말하자면, 현대의 설교에는 본문의 주변 환경으로부터 본문을 발로 차고 큰 소리로 떠들면서 질질 끌어내서 설교단으로 가져가는 그러한 위험한 경향이 존재하고 있다. 우리는 이러한 조각조각 내는 경향에 대해서 부분적으로는 프랑스의 출판업자인 로베르 에스띠앙(Robert Estienne [Stephanus]) 때문이라고 비난할 수 있는데, 장·절을 구분한 그의 헬라어 신약성경(1551)은 모든 절이 주위의 문맥과 떨어져서 별개로 존재한다는 잘못된 인상을 남겼다. 흠정역 성경(King James Version, 1611)이 그것을 그대로 따랐고, 그리고 현대의 번역성경들도 이러한 왜곡을 무의식적으로 계속하고 있다.

야고보서 3장의 주석에서 J. W. 맥고맨(J. W. MacGorman)은 위에서 언급한 각각의 배경 단계의 중요성과 설교적 용도를 솜씨 있게 증명해 보이고 있다.[3] 그의 주제는 「혀의 통제」이다. 맥고맨은 이 주제가 유대인의 지혜 문학, 특히 잠언서에서 얼마나 흔한 주제인가를 주목하면서 시작한다. 이러한 전승에 서서 야고보서도 또한 혀의 죄에 관해서 관심을 가졌다. 그 다음에 맥고맨은 간접적 배경으로 넘어가서 야고보서의 혀에 대한 권면이 그 이전의 훈계들에 어떻게 뿌리박혀 있는가를 보여준다: 믿는 자들은 말하기를 더디해야 한다(1:19); 사람의 성내는 것이 하나님의 의를 이루지 못한다(1:20); 자기 혀를 재갈 먹이지 못하는 경건은 헛 것이다(1:26); 그리스도인

3) See J.W. MacGorman, "An Exposition of James 3," *Southwestern Journal of Theology* 29(1986), pp. 31-36.

들은 그들이 말한 것에 대해서 하나님으로부터 곧 심판을 받을 것이라는 경각심을 가지고 말해야 한다(2:12). 맥고맨은 야고보서의 경고가 교회의 가르치는 직분에 경솔하게 나서는 어떤 사람들에게 어떻게 특수하게 적용되고 있는가를 보여주면서 결론을 맺는다(3:1-12). 맥고맨의 전체 주석은 실제로는 설교에 있어서 배경적 단계들에 관한 객관적인 본보기이다. 본문의 완전한 의미는 본문의 여러 부분들이 상호 작용할 때에만 가능하게 된다.

설교를 위한 최소한 두 개의 함축된 의미가 이러한 배경에 관한 분석의 개관에서 드러난다. 첫째는 선택된 설교 본문은 하나의 단위(unit)가 되어야 한다는 것이다. 그러므로 대체로 설교 본문들은 오직 책 전체를 연구하고 개요를 파악한 후에만 선택되어져야 한다. 두번째로 함축된 의미는 설교 본문은 여러 책에서 뽑은 구절들을 합친 것이 되어서는 안된다는 것이다. 이것은 물론 설교자가 병행 본문들을 고려할 수 없다는 뜻은 아니다. 그러나 동시에 여러 본문을 가지고 설교를 하면 성경의 개별 구절들의 독특한 역사적이고 문학적인 배경을 정당하게 평가하기란 거의 불가능하다. 석의에서 증거 본문(proof texting)이란 존재하지 않는다는 것은 아주 명백하다. 월터 C. 카이저(Walter C. Kaiser)가 말한 것처럼, "'증거 본문' 즉 어떤 구절들을 그 직접적이거나 또는 단락적인(sectional) 배경과는 상관 없이 분리시켜서 사용하는 것은 비난받을 만한 일이며 즉시 중단되어야 한다."[4]

본문에 대한 이해

건전한 해석이 역사적인 그리고 문학적인 배경에 대한 연구를 요

---

4) Walter C. Kaiser Jr., *Toward an Exegetical Theology: Biblical Exegesis for Preaching and Teaching* (Grand Rapids: Baker, 1981), p. 82.

구한다면, 그것은 또한 고려 중인 구절에 대한 주의 깊은 문법적인 분석을 요구한다. 신약성경 신학자들은 석의의 이러한 면에 대한 우리의 지식을 향상시키기 위해서 많은 연구를 했으며, 그래서 이 분야(the subject)는 매우 전문적이고 복잡한 것이 될 수 있다. 그러나 분석은 필수불가결하다. 오직 본문(the passage) 자체에 대한 신중한 연구를 통해서만 우리는 오늘날 우리들 자신의 생각을 본문에 집어 넣어서 읽음이 없이 본문의 원래의 의미를 이해할 수 있다.

1. 본문의 분석

석의적 과정에 꼭 필요한 순서는 없지만, 그러나 가장 바람직한 본문을 결정하는 것이 논리적인 출발점이다. 해석자가 성경에서 양자택일할 수 있는 표현을 발견했을 때 본문의 분석이 작동하게 된다. 본문의 분석은 자료의 원래의 표현을 결정하려는 시도라고 정의할 수 있다. 신약성경 본문의 분석은 현재 남아 있는 헬라어 사본들이 상호간에 상당한 정도로 차이가 나기 때문에 반드시 필요하다. 헬라어 사본들의 이러한 차이점들은 해석자로 하여금 학문적인 근거가 있는 판단을 내리도록 불가피하게 요구하는 주요 영어 번역판 성경들에 아주 빈번하게 반영되어 있다. 예를 들면, NASB의 몇 개 인쇄본들은 누가복음 23:17을 괄호 속에 집어 넣고서 "많은 사본들에 이 절이 없다"고 각주에 적고 있다. 설교의 과제는 이 절이 설교되어야 하는지 마는지에 대한 질문을 피할 수 없다.

본문의 분석은 또한 개개의 구절 내에서 표현을 결정하는 데도 필수적이다. 예를 들면, 마태복음 5:22에서 *이유 없이*라는 표현이 대부분의 현대 영어 번역판에서는 생략되어 있지만, KJV에서는 이 어구가 발견된다. 예수께서는 *모든* 분노를 금하셨는가 아니면 단지 *부당한* 분노만을 금하셨는가? 대부분의 학자들은 *εἰκῆ*(이유 없이)

라는 단어가 예수의 강한 가르침을 누그러뜨리기 위해서 추가되었다고 생각하지만, 그러나 너무 관대해서 분노할 수 없다는 것으로 이해되기 쉽다는 근거에 기초해서 그 단어를 포함시키는 것을 마찬가지로 강력하게 주장할 수 있다. 분명히 이러한 본문의 문제에 대한 학문적 근거가 있는 이해가 설교자가 산상수훈에서 이 부분을 설교하기 전에 반드시 필요한 것이다.[5]

2. 사전적인 분석

원래의 본문을 결정한 후에 석의자는 본문 속에 있는 단어들의 의미를 결정하기 위해서 시도해야 한다. 이것이 사전적인 분석(단어 연구)의 근본적인 관심사이다. 성경의 원래의 의미에 대한 "비밀 주문"(Open Sesame)으로 종종 여겨지기 때문에, 사전적인 분석은 아마도 다른 어떤 해석 방법보다도 더욱 더 남용되기 쉽다. 신약성경 학자들은 10권짜리 「신약성경을 위한 신학사전」(*Theological Dictionary of the New Testament*)에 담겨 있는 광범위한 분석들조차도 한 단어의 의미에 관한 특수한 배경의 영향을 언제나 완전하고 충분하게 파악할 수 있는 것은 아니라는 사실을 최근에야 고통스럽게 인식하게 되었다. 그럼에도 불구하고 단어 연구는 석의에, 특히 그 단어가 구체적인 표현에서 사용될 때 실제로 어떻게 활용되는지를 알기 위해서 해석자가 주의깊게 연구하는 경우에 매우 유익하다.

설교자는 종종 본문에 묻혀 있는 사전적인 씨앗으로부터 설교적 실례들이 자라나는 것을 발견하게 될 것이다. 갈라디아서 1:8-9을 검토해 보자. 거기서 바울은 거짓 교사들의 운명에 대해서 *ἀνάθεμα*

5) 이 문제의 복잡성을 다룬 나의 논문을 참고할 것. "Jesus on Anger: The Text of Matthew 5:22a Revisited," *Novum Testamentum* 30(1988), pp. 1-8.

(저주받은)이라는 단어를 사용하고 있다. 고대 문헌에서 그 단어는 때때로 신전에 바쳐진 봉헌물에 대해 사용되었고 평소에는 파멸을 위해서 양도된 어떤 것에 대해서 사용되었다. 이와 동일한 이중의 의미가 히브리어 단어인 '헤렘'(חֵרֶם)의 배후에 놓여 있는데, 이 단어는 70인역에서 흔히 ἀνάθεμα로 번역이 된다. 신명기 7:25-26에서 ἀνάθεμα(그리고 חֵרֶם)은 가나안 신들의 새긴 우상에 적용되고 있으며, 그리고 여호수아 6:19에서는 여리고에 적용되고 있다. 신약성경에서 ἀνάθεμα는 저주받은 물건을 나타내기 위해서 6번 사용되며, 단 한 번만이 봉헌물의 의미로 쓰이고 있다(누가복음 21:5에 나오는 이문(異文)에서). 여기 갈라디아서에서 그것은 거짓 복음을 전하기 때문에 "저주를 받은" 사람들이 하나님의 진노에 넘겨졌다는 것을 언급하는 것 같다. 이 점에서 그 설교자는 실제적으로 적용에 있어서 공격을 당한다. 사람들은 겉으로는 종교적인 규칙을 지킴으로써 복음 전도자들처럼 보일 수 있지만, 그러나 실제로는 그리스도의 복음을 왜곡시키는 자들로서 하나님의 진노의 대상일 수도 있는 것이다!

때로는 신약성경 전체에 대한 서론적 설교가 단 하나의 헬라어 단어로 자극받을 수도 있다. 사도행전의 헬라어 본문에서 마지막 단어는 ἀκωλύτως(금하지 않는, 막지 않는)이다. 이 단어는 또한 그 이야기의 가장 중요한 지점들에서 나타나서 사도행전의 주요한 하나의 주제를 요약한다: 예수 안에 있는 구원의 복음은 인종적 정체성(identity), 언어, 지형, 및 종교적 의식과 같은 그러한 장벽에 의해서 "막히지 않는"다는 것. 일반적인 견해와는 반대로, 사도행전은 단지 어떻게 해서 복음이 예루살렘에서 로마까지 도달했는지만을 우리에게 말하는 것은 아니다. 마찬가지로 중요한 것은 바울이 유대교의 배타주의를 공격하는 방식으로 설교함으로써 감옥에 갇혀서 쇠약해지면서도 어떻게 여전히 공개적으로 복음의 메시지를 전할 수 있었는지를 우리에게 말해준다.

사전적인 분석이 중요하긴 하지만, 그것은 한계를 가진 도구이며, 주인이라기 보다는 오히려 종이다. 헬라어 교수로서 필자는 단어 연구를 할 수 있는 필자의 학생들의 능력에 대해서 결코 깊이 근심해 본 적이 없다; 필자는 언제나 그들이 거기에서 멈추는 것을 훨씬 더 걱정했다. 신약성경의 설교는 너무 많이 "단어에 치중"(word bound)해서 단어가 발견된 더 넓은 문맥을 무시하는 경향이다. 특히 제임스 바(James Barr)는 석의에서 문맥(context)의 중요성을 강조했다: "일상적인 신학적 진술의 언어상의 전달자는 문장(그리고 물론 완전한 말이나 시(詩) 같은 그러한 보다 더 규모가 큰 문학적 복합체)이지 단어(사전적인 단위)가 아니다."[6] 바(Barr)가 말하고 있는 것은 신약성경의 독특성은 새로운 "기독교적" 단어들을 만들어 내는 데서 발견되는 것이 아니라 단어들의 새로운 결합에서 발견된다는 것이다. 이 점은 한 직원에게 선물을 주고 싶었던 아랍 족장의 이야기에서 잘 요약이 된다. 선물을 받을 사람은 "그저 골프 클럽 몇 개 정도"라고 제시했다. 나중에 그 사람은 "당신을 위해 페블 비치 클럽 회원권을 사두었고 그리고 지금은 리비에라 클럽 회원권을 협상하고 있음"이라고 쓰여진 전보를 한 장 받았다. 물론 그 종업원은 게임할 때 사용된 용구(用具)들을 의미했었던 것이다.

3. 구문론적인 분석

사전적인 분석이 그 용도를 마치면 그 다음에는 구문론적인 분석으로 넘어갈 차례이다. 구문론은 우리로 하여금 개개의 단어들보다 더 범위가 큰 구(句)와 다른 의미 단위들에 대해 민감해야 할 것을

---

6) James Barr, *The Semantics of Biblical Language* (Oxford Oxford: University Press, 1961), p. 263.

요구한다. 그것은 또한 시제, 태, 법, 인칭, 수, 그리고 개개 단어들의 격과 같은 그러한 문제들도 포함한다. 구문론은 저자의 사고 방식(thought patterns)을 연구하는 데 필수적이기 때문에 헬라어가 특히 유용한 역할을 하는 것이 바로 여기에서이다. 생각의 흐름은 문장의 구조나 심지어는 문자적 번역으로도 결정될 수 없다. 더우기 구문론적인 문제들은 원래의 헬라어 본문에서도 빈번하게 일어나며, 그리고 그러한 문제들은 번역에서는 거의 드러나지 않는다. 이러한 이유들 때문에 헬라어에 대한 지식이 사전적인 분석에서 중요하긴 하지만, 구문론적인 분석에서는 필수적이다.

또한 여기에서 헬라어 본문은 실제 석의에 대한 수많은 예들을 제공한다. 헬라어 동사의 시제는 자주 중요한 방식으로 의미에 영향을 끼친다. 예를 들면 고린도전서 15:3-4을 연구하고 있는 설교자가 그리스도께서 죽으시고(*ἀπέθανεν*), 장사 지낸바 되었다가(*ἐτάφη*), 보이시고(*ὤφθη*), *다시 살아나셨다*(*ἐγήγερται*)는 것을 읽을 때, 그 설교자는 대부분의 번역판에는 드러나 있지 않지만 신약성경의 모든 설교에 기본적인 복음의 한 단면을 벗기고 있다. "다시 살아나셨다"(*has been* raised)는 헬라어의 완료시제 동사를 번역한 것인데, 그리스도의 죽음, 부활, 및 보이신 것의 비영속성과는 반대되는 부활과 그 결과들의 영속성을 강조하고 있다.

때로는 설교 전체가 헬라어 구문론에서 비롯된 것일 수 있다. "성령의 충만을 받으라는 명령" 이라고 제목을 붙인 에베소서 5:18에 대한 설교에서 W. A. 크리스웰(Criswell)은 "채우다"(*πληρόω*)라는 단어의 연구로 시작해서 신약성경에 나오는 몇 개의 동의어와 그 단어를 비교한다.[7] 그리고나서 설교의 본론 '충만을 받으라'(*π*

---

7) W. A. Criswell, *The Holy Spirit in Today's World* (Grand Rapids: Zondervan, 1966), pp. 132-36.

*λ*ηρο*ῦσθε*)는 동사의 문법적인 미묘한 차이점으로부터 직접적으로 전개시켜 나간다:

1. 하나님께서는 우리가 성령의 충만을 받으라고 명령하신다(동사는 명령법이다).
2. 이러한 충만은 반복적인 경험이다(동사는 현재시제이다).
3. 우리는 성령의 영향력에 자신을 복종시켜야 한다(동사는 수동태이다).

이 설교에서 헬라어 구문론은 콘크리트 속에 박혀 있는 철근들처럼 굳건한 기초를 놓았다. 모든 설교가 그렇게 전반적으로 문법적이든지 아니든지 간에, 설교자는 그럼에도 불구하고 확실한 구문론적인 분석을 실시할 의무가 있다.

헬라어 구문론에 대한 지식은 또한 문제가 있는 구절들을 석의할 때 중요한 요소가 될 수 있다. 예를 들면, 히브리서 6:4-6은 그리스도인이라고 고백한 자들의 변절에 대해 기술하고 있다. 그들이 기꺼이 회개하고자 하는 마음을 보일지라도 이러한 사람들에게 회개란 불가능한 것인가? 여기서 헬라어 구문론이 희망을 제공하는데, 왜냐하면 6절에 있는 현재시제 분사들의 효력(force)은 그들이 만일 하나님의 아들을 "다시 십자가에 못박아"(*ἀνασταυροῦντας*) "현저히 욕을 보이는"(*παραδειγματιζοντας*) 일을 계속하지 않는다면 그러한 변절자들이 교화(敎化)될 수 있다는 것을 암시한다. 달리 말해서, 저자는 그리스도를 *계속해서*(consistently) 부인하는 자는 결국에는 그리스도가 부인하실 것이라고 말하려는 것으로 보인다.

4. 구조적인 분석

해석자가 고려 중인 구절의 표현과 구문에 관한 결정에 도달했을 때는 본문의 더 넓은 구성과 관련된 다른 문제들이 야기된다. 구문론이 다른 단어들과의 결합에 있어서 단어들의 의미와 관련이 있다면, 구조적인 분석은 구(句)나 더 큰 사고 단위들(thought units)이 상호간에 관련되어져 있는 방식을 다룬다. 어떤 의미에서는 *모든 것*(everything)이 의미하는 것을 결정할 때까지는 *어떤 것*(anything)이 의미하는 것을 말하기가 어렵기 때문에, 구조에 관한 연구는 석의에서 꼭 필요한 요소이다. 이 구조는 다른 언어로 번역 될 수 없는데, 그 까닭은 번역자는 자기가 번역하는 언어의 문법 체계를 사용해야만 하기 때문이다. 해석자가 단지 영어 번역판 만을 사용한다면, 그들은 원래의 본문에서 주요 요점과 부차적 요점 사이의 중요한 구분을 종종 어쩔 수 없이 추측해 내야만 할 것이다.

해석자는 그 구조를 결정하기 위해서는 문장을 도표화하는 것이 유익하다는 것을 매우 자주 발견하게 된다. 이 절차는 부분들이 어떻게 전체와 어울리는지를 알기 위해서 그 문장을 다시 써보는 것을 포함한다. 해돈 W. 로빈슨은 문장의 구조를 결정하기 위한 도구를 "기계적인 배치"(mechanical layout)이라고 부르는 반면, 월터 C. 카이저는 "구문론적인 배열"(syntactical display)라는 용어를 선호한다. 고든 D. 피(Gordon D. Fee)는 "문장의 흐름 모형도"(sentence flow schematic)라는 제목을 사용하고 있으며, 연구를 위한 몇 개의 실례들을 제시하고 있다. 아마도 가장 유익한 접근 방식은 요하네스 P. 류의 "콜론 분석"(colon analysis) 방법인데, 이것은 고대 헬라인의 관습에 기초하고 있다.[8] 그러나 중요한 것은 이름이 아니라 학생이 문장의 기본적인 의미 단위들과 그 전체의 구성의 관점에서 그 문장을 보게 하는 필요성이다.

어떻게 해서 구조적인 분석이 설교에 명료성을 가져다 줄 수 있는가? 하나의 방법은 설교적 구조의 견지에서이다. 가장 훌륭한 설교의 개요들은 본문 자체의 구조에서 직접 생겨난다. 히브리서 12:1-2에 대한 다음의 분석은 설교자가 어떻게 하면 그 구조에 주목하는 것을 통해서 본문에 접근할 수 있는가를 입증해 준다.[9]

τοιγαροῦν καὶ ἡμεῖς δι' ὑπομονῆς ***τρέχωμεν*** *τὸν προκείμενον ἡμῖν ἀγῶνα*

τοσοῦτον ***ἔχοντες*** *περικείμενον ἡμῖν νέφος μαρτύρων*

ὄγκον ***ἀποθέμενοι*** *πάντα καὶ τὴν εὐπερίστατον ἁμαρτίαν*

ἀφορῶντες *εἰς τὸν τῆς πίστεως ἀρχηγὸν καὶ τελειωτὴν 'Ιησοῦν*

ὃς ἀντὶ τῆς προκειμένης αὐτῷ χαρᾶς ὑπέμεινεν σταυρὸν

αἰσχύνης καταφρονήσας ἐν δεξιᾷ τε τοῦ θρόνου τοῦ θεοῦ κεκάθικεν

이러므로… 인내로써 우리 앞에 당한 경주를 **경주합**시다(한역: 경주하며)

---

8) Robinson, *Biblical Preaching*, p. 68; Kaiser, *Toward an Exegetical Teology*, p. 99; Gordon D. Fee, *New Testament Exegesis: A Handbook for Students and Pastors*(Philadelphia: Westminster, 1983), p. 61; Johannes P. Louw, *Semantics of New Testament Greek*(Philadelphia: Fortress/Chico, Calif.: Scholars Press, 1982), p. 95.

9) See further my essay "A Note on the Structure of Hebrews 12:1-2," *Biblica* 68(1987), pp. 543-51.

우리에게 구름 같이 둘러싼 허다한 증인들이 있으니
모든 무거운 것과 얽매이기 쉬운 죄를 벗어버리고
믿음의 주요 또 온전케하시는 이인 예수를 바라보면서(한역: 바라보자)
저는 그 앞에 있는 즐거움을 위하여 십자가를 참으사
부끄러움을 개의치 아니하시더니 하나님 보좌 우편에 앉으셨느니라

여기서 기본적인 사고 단위들이 운동경기장의 흰 선들처럼 튀어 나온다. 주제는 왼 쪽에 나와있는 반면, 보다 종속적인 요소들은 오른 편에 밀집해 있다. 독자적인 정동사(finite verb, τρέχωμεν)를 단독으로 포함하고 있는 분석의 첫 번째 줄에서, 우리는 즉시 저자의 주요 요점을 알 수 있다: 인내로써 경주하는 것. 그 다음으로는 그 "경주"(race)의 특징을 나타내는 3개의 분사절이 나온다:(1) 현재 세대의 경주자들이 끝마치기를 기대하는 그 경주를 다른 사람들은 끝마쳤다는 사실을 알 수 있다; (2) 그러나 어떤 경주자도 개인적인 죄에 대한 증오가 없이는 목표에 도달하기를 바랄 수 없다; (3) 경주자는 반드시 "믿음의 주요 또 온전케 하시는 이"인 예수를 바라보아야만 한다. 나머지 부분은 예수에 대한 설명인데, "경주"(running the race)에 대한 주요 주제가 어떻게 해서 "예수와 그의 정체성"(Jesus and who he is)에서 절정을 이루는지를 보여주고 있다. 이러한 요소들을 하나의 개요로 축소시킴으로써, 설교자는 구조적인 분석으로부터 설교적 구조로 곧바로 옮겨갈 수 있다:

본문: 히브리서 12:1-2
제목 : 승리의 경주
주제 : 그리스도인은 복종과 순종의 삶으로 그리스도의 본을 따르도

록 부르심을 받았다("인내로써 경주하자").

개요 : Ⅰ. 우리의 위로("구름같이 허다한 증인들이 있음").

Ⅱ. 우리를 얽매는 것들("모든 무거운 것과 죄").

Ⅲ. 우리의 본보기("예수를 바라보자").

이 단순한 개요는 헬라어 본문을 분석함으로써 설교자가 이론으로부터 실제로 어떻게 옮겨갈 수 있는가를 분명히 보여준다. 본문의 내적 구조의 윤곽을 따라 개요를 만듦으로써, 설교자는 부차적인 것들을 강조하거나 또는 본문에 자기가 좋아하는 주제를 부가함이 없이 저자의 주요 사상들을 강조할 수 있다. 이것은 모든 설교가 본문의 양식에서 그 형태를 직접적으로 취하게 될 것이라고 말하려는 것이 아니다. 그러나 설교란 본문의 양식(form)의 정신을 결코 손상시켜서는 안된다. 예를 들면, 예수의 비유들은 결코 후대의 설교자들이 부가시킨 연역적 증명을 고착시키기 위해서 행해졌던 것이 아니다. 그렇지만 본문의 양식은, 설교의 최종 형태가 다른 고려 사항들에 의해 결정되기는 하지만, 그 설교의 형태에 대한 단서를 종종 제시해 주는 것이다.

5. 수사학적 분석

구조적인 분석 다음으로 어떤 문장의 문학적인 면들을 살펴보기 시작할 때, 우리는 수사학적 분석의 분야와 마주치게 된다. 원래는 주로 구약성경에 적용되긴 했지만, 수사학적 분석은 신약성경 연구에는 반갑고도 매우 필요한 보충 도구이다. 수사학적 분석은 본질적으로는 문학적 기교들에 대한 연구를 통해서 성경 본문에 대한 우리의 이해를 명확하게 하려는 시도이다. 고대의 저자들은 종종 독자들이 본문의 메시지를 이해하는 것을 돕기 위해서 또는 제시된 진리를 그들에게 납득시키기 위해서 이러한 기교들을 사용했다. 어떤 본문을 읽는 기술로써의 수사학적인 분석은 주어진 문장의 범위에 대한 세심한 관심(그 문장의 시작과 끝), 어법에 대한 특징들의 발견(예를 들면, 직유법과 은유법), 작문적 기교들에 대한 고찰(예를 들면, 병행법과 교차법), 그리고 양식과 의미의 관계에 대한 판단들을 포함한다. 따라서 해석자는 본문의 수사학적인 특성이 석의적인 문제들과 직접적으로 관련이 있을 것이라는 가능성을 언제나 고려해야 한다.

지난 20년동안 신약성경의 수사학적인 특징들은 매우 빈번하게 탐구되어져 왔다. 예를 들면, 요한1서 2:12-14에서 자녀들(*τεκνία/παιδία*), 아비들(*πατέρες*), 및 청년들(*νεανίσκοι*)이라고 표현된 세 그룹은 아주 오래 전부터 주석가들을 괴롭혀 왔다. 그러나 분배명사(*distributio*)라는 수사학적인 특징이 밝혀졌을 때, 그 문장은 더욱 분명해진다.[10] 분배명사(*distributio*)에서는, 총괄그룹(the inclusive group)이 먼저 거명되고 그리고 그 다음에 구성그룹(constituent groups)으로 "나누어진다"(distributed). 그래서 "자녀들"은 총괄적인 용이이며, 그 다음에는 회중 가운데서 영적으로 성숙한 사람들("아비들")과 영적으로 미숙한 사람들("청년들")에 대한 언급이 뒤따르게 된다. 이러한 결론은 더 나아가서 요한복음의 용법으로 지지를 받는데, 왜냐하면 요한복음에서 *τεκνία*와 *παιδία*라는 용어는 모든 신실한 자들에게 사용되고 있는 반면, *πατέρες*나 *νεανίσκοι*는 둘 다 전체 청중에 대해서는 결코 사용되고 있지 않기 때문이다. 여기서 수사학적인 사고 방식을 가지고 있는 설교자는 어느 교회에서든지 반드시 존재하고 있는 두 그룹의 신자(信者)들을 언급하기 전에 전체 교회를 먼저 설명하는 것과 같은 그러한 본문의 특징을 설교에

10) See Duane F. Watson, "1 John 2:12-14 as *Distributio, Conduplutio*, and *Expolitio*: A Rhetorical Understanding," *Journal for the Study of the New Testament* 35(1989), pp. 97-110.

응용할 수도 있을 것이다.

수사학적 비평(rhetorical criticism)은 싹을 틔울 다양한 씨앗들이 심겨져 있고 그리고 거기서 상당한 성장이 바로 지금도 나타나고 있는 잘 관리되고 있는 정원과 같다. 그러나 수확을 거두기 위해서 해석자는 애정을 가지고 본문에 기꺼이 머물러야만 한다; 아름다움이란 대개는 어쩌다 한 번 지나치는 사람은 보지 못하는 법이다. 예를 들면, 우리는 히브리서 12:1-2의 문장 구조가 어떻게 그리스도의 위격과 사역에 관심을 불러 일으키는지를 이미 살펴보았다. 이제 이 초점이 본문의 수사학적인 구조에 의해서 어떻게 확인되는지를 관찰해보자:

A having *seated* around us such a great clowd of witnesses
(우리에게 구름 같이 둘러싼 허다한 증인들이 있으니)

B *setting aside* every weight and clinging sin
(모든 무거운 것과 얽매이기 쉬운 죄를 벗어리고)

C with *patient endurance*
(인내로써)

D let us run the race *that is set before us*
(우리 앞에 당한 경주를 경주합시다[하며])

X fixing our eyes on Jesus the author and perfecfer of faith
(믿음의 주요 또 온전케 하시는 이인 예수를 바라보면서 [한역: 보자])

D′ who for the joy *that was set before him*
(저는 그 앞에 있는 즐거움을 위하여)

C′ *patiently endured* the cross
(십자가를 참으사)

B′ *scorning* the shame
(부끄러움을 개의치 아니하시더니)
A′ and has *taken his seat* at the right hand of the throne of God
(하나님 보좌 우편에 앉으셨느니라)

수사학에서 이러한 기교는 교차법(chiasmus)－가운데 있는 행(行)이 강조를 받는 거꾸로 된 병행법－으로 알려져 있다. 이러한 형식(pattern)의 발견은 저자의 문학적 표현 능력을 보여줄 뿐만 아니라 문장의 개개의 행(行) 사이의 상호 관계를 보여주고 문장 전체의 중심 구절("예수를 바라보자")에 관심을 기울이게 한다. 설교자가 이 본문으로 설교하려고 하면서 회중으로 하여금 본문에 대한 보다 더 깊은 이해를 가지도록 하려면 이와 유사한 분석을 교회 주보에 싣는 것이 좋을 것이다.

6. 전승의 분석

앞에서 논의한 다섯 가지 분석 방법은 성경 본문을 이해하는데 있어서 가장 중요한 접근 방법들이다. 그러나 다른 몇 가지 방법들도 다른 추가적인 통찰력을 제공하며 그래서 또한 여기서 언급되어야 한다. 이러한 방법들은 대개는 "비평"(criticism)의 형태로 취급되고 있는데, 그 용어에 반성경적인 뉘앙스가 담겨 있지 않다고 한다면 적합한 용어가 될 수 있다. 처음에는 복음주의 계열에서 상당한 의구심을 가지고 봐왔지만, 이러한 방법들은 이제 석의적 도구들로 점점 더 받아들여지고 있다.[11)]

11) 신약성경 연구에 있어서 고등비평이 차지하는 위치에 대해서는 다음의 책을 참고할 것; David Alan Black and Davids. Dockery(eds.), *New Testament Criticism and Interpretation*(Grand Rapids: Zondervan, 1991).

편의상 우리는 전승의 분석이라는 제목 하에 이러한 비평적 접근 방식들을 포함하고자 한다. 여기서 사용된 것처럼, 전승의 분석(tradition analysis)이란 어떤 저서의 배후에 있을 수 있는 자료들의 정체 확인 및 그 범위, 어떤 책에 있을 수 있는 복합적 본질, 그리고 어떤 저서를 지을 때 사용된 전승들에 대한 저자의 기여 등과 같은 그러한 문제들을 다룬다. 전승의 분석은 신약성경의 책들이 때로는 편찬, 저술, 편집의 길고 복잡한 과정들을 거쳐 최종의 형태를 이룬 방법을 보여준다. 성경학자들은 대개 자료비평, 양식비평, 그리고 편집비평이라는 제목들 하에서 전승의 분석의 이러한 면들을 연구한다.

첫 번째 방법인 *자료비평*(source criticism)은 1863년에서 1924년 사이에 발전되었다. 그것은 "얼마나 많은 신약성경의 자료들이 저자가 그들의 과제를 착수하기 전에 이미 존재했었는가?"라는 질문에 대한 대답을 추구한다. 이미 존재하고 있던 전승은 "예수는 주시라"(고전 12:3)는 단순한 고백에서부터 고린도전서 15:3-5에 있는 복음에 대한 상세한 요약까지 다양하다. 대부분의 복음주의 계열의 자료비평 학자들은 공관복음서(마태, 마가, 누가)에 있는 자료의 대부분이 문헌자료에서 왔다는 가정 하에 연구한다. 마태, 마가, 누가 사이의 문학적 관계를 설명하는 가장 설득력 있는 가설은 "두 문서 가설"(Two-Document Hypothesis)이라고 불리는데, 그 까닭은 이 가설이 마가복음을 제일 우선시하며, 그 다음에 마태와 누가가 마가복음을 어떤 말씀 자료("Q"라고 불리는)와 같이 사용했다는 것이다. 또다른 설득력 있는 이론들—마태복음의 우선성이나 누가복음의 우선성을 주장하는 이론들—은 공관복음서 비평을 매우 복잡하게 만들지만, 그러나 그것들이 석의와 전혀 상관이 없는 것은 아니다. 간단히 말하자면 자료비평은 우리가 이 모든 복음서 저자들이 보여준 높은 진정성을 진지하게 받아들여야 한다는 것, 즉 진정성이 그렇게 높기 때문에 공관복음서 중에 어떤 책도 가장 먼저 기록된 것으로 볼 수 있다는 것을 요구하는 것이다.

자료비평에서 직접 생겨 났고 그것에 근거하고 있는 또다른 진전은 *양식비평*(form criticism)인데, 이것은 두 차례의 세계대전 사이에 발전되었다. 양식비평의 목적은 복음서 저자들이 사용한 자료들의 배후를 구전 전승 시대(주후 30-50년)까지 거슬러 올라가서 공관복음서 전승에 있는 개개의 문학적 단위들을 밝혀내서 분석하는 것이다. "독립적 단위"(pericope)라고 불리는 이 단위들은 비유, 기적 이야기, 예수에 대한 이야기, 저주 등과 같은 범주로 분류될 수 있다. 장르의 분류 외에도 양식비평은 또한 초대교회의 삶에서 페리코프의 기능을 평가하는 데도 관심을 가지고 있다. 양식비평의 기본 전제는 예수에 대한 전승의 바로 그러한 보전은 그 전승이 보존된 양식에 영향을 끼쳤다는 것이다. 안식일 준수나 이혼, 또는 어떤 문제에 대한 것이든지간에 그에 관한 질문이 야기되었을 때, 그 주제에 관해서 예수께서 말씀하셨던 것이나 가르치셨던 것을 기억하는 것은 당연했다. 이러한 기본적인 전승 단위들을 밝혀내고 교회의 삶에서 그것들의 용도를 찾아내는 것은 해석자가 본문의 근저에 있는 사회학적이고 예배학적인 특성들을 올바르게 평가할 수 있도록 돕는다. 그래서 예를 들면, 수로보니게 여인에 대한 이야기(마가복음 7:24-30)는 원래는 "예수께서는 유대교 밖에 있는 사람들을 어떻게 취급하셨는가?"라는 질문에 대한 대답으로 기억되어졌을 수도 있다. 복음서의 많은 페리코프들이 왜 보존되고 기록되었는가 하는 이유를 설명해 주는 것은 초대교회에서의 바로 이러한 "삶의 배경"(독일어로 *Sitz im Leben*) —설교, 교육, 예배, 그리고 논쟁—이다. 그래서 양식비평은, 어떤 때는 대단히 주관적이긴 하지만, 본문을 기억하고 기록하게 된 과정을 분명하게 밝힐 수 있고 그리고 초대교회의 경험에 있어서 본문의 생명에 대한 더 큰 평가를 내릴 수 있게 만든다.

편집비평(redaction criticism)은 전승의 분석에 속한 세 개의

하위 학문들 중에서 가장 최근의 것인데, 2차 세계대전 말기쯤에 나타나기 시작했다. *편집*(redaction)이라는 말은 우리가 현재 가지고 있는 복음서들의 형성에 있어서 복음서 저자들이 그들이 가진 자료들을 사용했던 편집 활동을 가리키는 것이다. 편집비평은 기록자들을 전승들의 단순한 편집자들 이상으로, 즉 자기 자신의 권리를 가진 저자들로 생각한다. 이 전승에서 나온 항목들은 개개의 복음서 저자의 신학적인 또는 주제적인 요점을 밝히기 위해서 선택되고, 배열되고, 그리고 제공되었다는 것이 점차로 드러났다. 예를 들면, 각각의 시험 기사를 읽을 때 해석자는 오직 마가의 이야기만이 예수께서 "들짐승과 함께"(1:13) 계셨다는 상세한 설명을 포함하고 있다는 것을 발견한다. 이러한 동물들에 대한 마가의 언급은 최소한 마가복음의 독자인 로마교인들 중의 일부가 원형 경기장에서 사자들을 맞닥뜨리는 것과 같은 그들이 경험할 수 있는 그 어떤 것도 그들의 주님의 경험에 낯선 것이 아니라는 사실을 강조하기 위해서 사용되어졌다는 것은 당연하다. 현재 사용되고 있는 편집비평에 관한 다른 많은 예들을 제시할 수 있지만, 그러나 석의자가 기억해야 할 중요한 사실은 석의자가 현재 연구 중인 본문은 본문에 대한 더 깊은 이해를 위한 단서를 제공할 수 있는 편집상의 특징들을 보여줄 수도 있다는 것이다.

본문의 적용

본문의 배경과 의미를 해석할 때 우리를 인도하는 분석 방법들 외에도 본문의 과거의 메시지로부터 그 본문의 현재의 의미를 밝혀내기 위해서는 특별한 방법들이 요구된다. 그러나 지금쯤은 위에서 논의된 모든 방법들이 전통적으로 그 본질상 "설교적"(homiletical)이라고 표현되지는 않았지만 설교의 과제와 관련되어 있다는 것이 분명해져야 한다. 예를 들면, 우리가 본문의 역사적인 그리고 문학적인 특징들을 이해하면 할수록, 설교학을 위한 가능성들이 더욱 더 나타나게 되는데, 왜냐하면 설교는 본문에 언급된 사람들과 유사한 상황들을 오늘날 우리가 분별해 낼 수 있는 정도에 크게 좌우되기 때문이다. 마찬가지로 성경 본문 자체는 전승 과정에서의 변화 때문이든지(본문의 분석의 관심사) 또는 본문과 현대의 독자 사이의 언어적이고 역사적인 간격 때문이든지간에(사선적인, 구문론적인, 구조적인, 수사학적, 그리고 전승비평적인 분석의 관심사들) 종종 명료성을 결핍하고 있기 때문에 문법적 석의는 설교에 반드시 필요한 준비 행위인 것이다. 원어를 읽지 않는 교구 성도들조차도 현대 번역판들에 있는 각주를 통해서 이러한 문제들을 알 수 있다. 따라서 우리가 원저자의 의미를 더욱 더 완전하게 분별할 수 있으면, 석의적 과정은 더욱 더 분명하게 되고 그리고 설교의 결과들은 더욱 더 풍부하게 될 것이다.

왜 석의적 이해의 이 세 번째 측면 – 현대 독자들을 위한 본문의 의미와 관련된 것 – 이 반드시 필요하며 불가피한 것인가 하는 이유가 이제 명백하다. 성경(the Bible)이 단순히 분석가능한 "대상"으로서가 아니라 성경(Scripture)으로 여겨지는 곳 그 어디에서나 유능한 석의는 다른 어떤 기술보다도 설교자의 소명에 근본적인 것이다. 이제까지 살펴본 것처럼, 고도로 신중한 석의(sensitive exegesis)는 설교가 현대인을 위해 본문의 의미를 끌어낼 수 있는 수많은 방법들을 드러내준다. 따라서 석의자의 믿음의 헌신은 석의과정에서 도외시 되어져야 할 것이 아니라 오히려 그 반대이다: 본문은 믿음의 공동체에 말하기 위해서 존재하기 때문에 본문의 개인적인 그리고 다른 적용들이 당연히 뒤따라야 한다.

그러면 본문에서 설교로 옮겨가는 이 마지막 단계에서 헬라어의 역할은 무엇인가? 필자의 견해로는 그것은 본질적으로 보조적인(advisory)것이다. 헬라어의 보조적인 역할에 대해 말하는 것은 그 언어의 중요성을 최소화하는 것은 아니다. 오히려 그것은 설교자가 본문의 역사적인 그리고 문학적인 특성들에 철저하게 근거를 가질 수 있는 지지기반을 제공하는 데 있어서 그것의 용도에 관해서 언급하는 것이다. 다른 신약성경 교수의 생각을 빌리자면: "신약성경 교수가 성경적 설교에 관해서 글을 쓸 때 그는 다른 사람의 학문 분야 (설교학자의 학문 분야)를 장난삼아 손대는 것은 아니다… 그는 단지 가장 중요하게 여겨지는-또는 여겨져야 하는-그의 연구의 한 측면을 성취하고 있는 것이다."[12] 달리 말해서 신약성경 석의는 현재 세계에 적용될 때까지는 완전한 것이 아니다-그리고 본문의 삶에 대한 적용은 성경이 쓰여진 첫 번째의 이유인 것이다.

물론 이 점은 분명하지만, 그러나 본문을 다루기는 할지라도 설교가 너무 자주 성경 본문을 거만하게 다룬다고 하는 것은 불행한 사실이다. 해돈 W. 로빈슨은 그 문제를 이렇게 설명하고 있다: "설교자들이 어떤 본문을 설교할 때 그들은 때로는 아주 능숙하게 그것을 다룬다-당신은 어떤 때는 그것을 알지만, 어떤 때는 그것을 모른다. 본문과 설교는 강단에서 지나쳐 가는 낯선 것 이상의 아무 것도 아닐 수도 있다. 그러나 본문이 가르치는 것을 설교에서 무시하거나 회피하는 것은 강단의 폭력이다." 로빈슨의 요점은 본문에 대한 충실함이 선택적인 어떤 것이 아니라는 것이다; 그것은 성경적 설교에서 없어서는 안될 특징이다. 설교자는 본문을 우리네 삶과 관련이 있는 것으로 만들지 않는다; 그들은 본문 속으로 깊이 파고 들어가서 그 관련성을 *찾아내야만* 한다. 그래서 성경 본문이 충실하게 다루어진다면 헬라어는 설교가 취해야 할 형태에 대한 가치있는 지침들을 제시해 줄 뿐만 아니라 설교에 대한 성경적인 초점을 제공해 주는 장점을 가

---

12) Leander E. Keck, *The Bible in the Pulpit: The Renewal of Biblical Preaching*(Nashville: Abingdon, 1978), p. 14.

지고 있다.

결 론

우리는 성경적 석의의 목적이 본문이 원래의 청중에게 의미했던 것과 오늘날의 청중들에게 의미하는 것을 설명하는 것이라는 사실을 알았다. 석의의 가장 기본적인 원칙은 어떤 본문의 의미는 "그것이 나에게 의미하는 것"이라기 보다는 오히려 저자가 의도한 원래의 의미(the author's intended meaning)라는 것이다. 진정한 성경적 해석이 일어나는 장소는 바로 이러한 저자의 의도와 문법적 양식의 특징적 요소(parameters) 속에서이다.

우리는 또한 성경적 해석은 "배경", "의미", 그리고 "의의"에 대한 질문들을 포함하는 정밀한 행동이라는 것을 알았다. 배경에 대한 질문들은 우리가 본문을 우리와는 시간적으로 멀리 떨어진 배경(setting) 속에 두도록 돕는다. 이 단계에서의 목표는 역사적이고 문학적인 배경 속에서 그 책에 대한 넓으면서도 전체적인 관점을 얻는 것이다. 의미에 대한 질문들은 우리로 하여금 본문 자체를 가능한 한 신중하고 그리고 철저하게 연구하도록 만든다. 여기서 목적은 저자가 원래의 청중들에게 그 본문을 썼을 때 어떤 생각을 가지고 있었는가를 이해하는 것이다. 마지막으로, 의의에 대한 질문들은 배경적인 그리고 문법적인 분석의 결과들을 평가하고 그리고 그것들이 본문에 대한 전반적인 해석과 적용에 어떻게 기여하는지를 결정하면서 우리가 "그 모든 것을 하나로 종합"하도록 돕는다. 역사적이고 문학적인 배경, 원래의 본문, 사전적인 의미, 구문론, 양식적 구조, 수사학적 양식, 전승의 역사－이 모든 것들이 본문에 대한 우리의 이해를 깊게 하지만, 그러나 그것들이 목적은 아니다. 석의의 목적은 본문을 하나님이 주신 살아있는 영속적인 말씀으로 깨닫는 것이다.

이 장(章)의 목적은 이러한 목적을 달성하는 데 포함된 가장 중요한 단계들을 제시하는 것이었다. 논의된 매우 다양한 석의적 접근 방법들은 결론적으로 세 가지로 논평할 수 있다. 첫째로, 이제까지 필자는 개개의 석의적 접근 방법들이 어떻게 작동하는 가를 설명하려고 시도하기 보다는 때로 널리 분산되어 있는 연구 방법들을 하나로 묶고자 하였던 것이다. 이와 같이 석의에 대한 통합적인 접근 방법을 주장하기 때문에 필자는 석의적 과정에 있어서 각각의 방법들을 분리시키는 현대적 경향을 간접적으로 반대하고 있다. 이 장에서 논의된 각각의 접근 방법은 성경을 연구하는 학생들이 사용해야 할 방법론들의 전체 범위 중에 한 단면일 뿐이다. 더우기 각각의 연구 형태는 정경들에 대한 적절한 언급과 다른 모든 접근 방식들에 대한 경험으로 발전되고 실행될 때 가장 유익하다. 그것이 우리가 오늘날 직면하고 있는 해석 전체의 과제이다; 그리고 그러한 과제의 일부는 여러가지 해석 방법들 사이에 이제까지 세워졌던 장벽들을 무너뜨리는 것이다. 비유를 사용하자면, 만약에 세 명의 여행자가 서로 다른 길을 거쳐서 미국을 탐험하고자 한다면—한 사람은 캘리포니아에서 출발해서 동쪽으로 움직이고, 다른 사람은 태평양 연안의 북서부 지역을 주로 돌아보고, 그리고 세 번째 사람은 동부 해안 지방을 집중해서 탐험한다면—그들은 서로 다른 세 나라에 있었다고 생각할 것이다. 모든 면에서 다양한 형태를 가지고 있지만, 그럼에도 불구하고 미국은 하나의 나라이다. 마찬가지로 성경의 본문은 수많은 서로 다른 출발점에서 묘사될 수 있지만, 그러나 본문에 접근하는 그 어떤 하나의 방법도 결코 그 의미를 전부 다 밝혀낸다고 생각해서는 안될 것이다.

둘째로, 이제까지 논의된 순서대로 석의의 다양한 면들을 정리한 것에 의해 필자는 석의적 과정이 기계적으로 연속된 단계라거나 또는 모든 단계들이 똑같이 모든 문장들에 적용되어야 한다고 제안하는 것은 아니다. 필자의 설명은 단지 석의의 전반적인 구성 논리를 설명한 것으로 이해되어야 한다; 실제 연습에서 석의의 과정은 아주 다르게 진전될 수도 있다. 어떤 문장들에 대해서는 역사적인 질문이 가장 중요할 것이지만, 반면에 다른 어떤 문장들에 대해서는 가장 중요한 질문은 사전적이거나 구문론적인 것이 될 것이다. 더우기 "의의" 이전에 "의미"를 두는 것—"주석"(exposition)보다 상위개념으로 "석의"(exegesis)를 사용하는 *Interpreter's Bible*에서 구체화된 원칙—은 필연적인 것처럼 보일 수도 있지만 그러한 교묘한 구분은 불가능하다. 실제로 우리는 종종 해석과 적용 사이에서 우리 자신이 계속해서 왔다갔다하는 것을 발견하게 될 것이다. 사실 양쪽 방향으로 움직이는 방법을 배우지 못한 설교자는 현재의 문제들을 본문에 강요하거나 또는 그 반대로 문법적 분석과 복음의 설교를 혼동하는 설교를 만들어낼 가능성이 매우 농후하다. 강조할 필요가 있는 것은 의미의 어떤 중요한 면도 간과하지 않기 위해서 *모든* 단계들을 철저히 연구할 필요성이다. 이것은 석의의 다양한 면들을 서로 관련시키고, 각각의 의미를 비교·검토하고, 그리고 그것들이 전체의 해석에 어떻게 기여하는지를 결정하는 것을 포함한다.

마지막으로, 석의는 그것이 과학인 것만큼이나 예술이라는 것을 기억하는 것이 좋다. 신약성경을 해석할 때 우리는 질문만큼이나 많은 대답들이 있다는 것을 곧 발견하게 된다. 그러나 이것은 모든 대답들이 똑같이 옳다는 것을 뜻하지는 않는다. 석의는 편견을 가진 해석으로부터 성경—그리고 우리 자신—을 보호하기 위해서 열심히 연구할 것을 요구한다. 우리의 과제는 본문으로부터 우리를 분리시키는 벽들을 본문을 명료하고 분명하게 바라볼 수 있는 유리로 바꾸는 것과 같은 일종의 연금술이다. 이것을 하기 위해서는 그러한 유리벽을 우리 자신의 생각(reflection)이 본문을 소멸시켜버리는 거울로 바꾸어 버리는 것으로부터 우리를 막아줄 어떤 기본적인 해석의 원칙들이 필요하다. 따라서 우리는 본문이 스스로 말하게 하고 우리 자신의 전제들에 적합하게 그것을 고치는 것을 피하려고 한다면 석의는 반드시 필요한 것이다.

당신의 생각은?

이 장에서 논의된 분석의 각 단계와 그 단계가 석의 과정에 끼친 공헌을 간단하게 요약할 수 있는가? 당신에게 불필요하다고 생각되는 어떤 단계가 있는가? 석의에 대한 당신의 접근 방식은 필자의 것과 어떻게 다른가?

제 4 장

석의적 기술의 계발

헬라어 석의에 대한 간결한 지침

고대 헬라어 본문과 현대의 세계 사이의 간격을 연결한다는 것은 결코 쉬운 것이 아니다. 그러나 연결 다리의 건축은 반드시 필요하며 그리고(하나님의 은총으로) 가능하다는 것을 살펴보았다. 이제 우리는 당신이 이 단계를 취하도록 하기 위해 필요한 기술과 기교들을 살펴볼 차례이다. 앞의 세 장에서 언급한 모든 것은 단지 우리가 작업해오고 있는 목표에 대해서 예비적인 것이다. 이제 당신은 확신과 이해를 가지고 가치있는 헬라어 석의의 세계에 뛰어들 준비를 갖추었다.

우리가 이 지점까지 얼마나 멀리 왔는지 알아보자. 제1장에서는 석의의 필요성을 설명하고 설교에서 헬라어를 사용하기 위한 몇 가지 일반적인 조언들을 제시했다. 제2장에서는 당신이 본문으로부터 설교로 옮겨가는 것을 돕기 위해서 참고 도구들을 갖춘 적절한 서재를 만드는 일의 중요성을 강조했다. 제3장에서는 헬라어 석의에 포함된 단계들, 신약성경 해석이 정말로 요구하는 것, 그리고 마지막으로 당신의 설교에서 헬라어를 사용하는 것에 대한 풍부한 보상들을 소개했다.

이제 우리가 획득한 기술들과 도구들을 가지고 헬라어를 읽는 더 깊은 즐거움에로 전진해 나갈 때 진정한 모험이 시작된다. 아래에 기술한 단계들은 제3장에 있는 지침들의 내용을 "더 충실하게 만들기 위해서"(flesh out) 의도되었으며, 설교에서 뿐만 아니라 개인적인 경건 훈련과 성경 연구에 있어서도 당신에게 도움이 될 것이다. 각 단계들은 곧 이어서 더 상세하게 설명이 되겠지만 그러나 필자는 간단한 요약이 당신으로 하여금 전체의 과정을 균형있게 볼 수 있도록 도와줄 것이라고 생각한다.

1. **역사적 배경을 개관하라.** 우리는 언제나 어떤 본문을 원래의 역사적 배경의 빛에서 해석해야 한다. 어떤 본문이든지 이러한 역사적 배경이라는 특징적 요소(parameter) 밖에서는 아무런 의미도 없다—또는 모든 종류의 의미를 가질 수도 있다.
2. **더 넓은 문학적 배경을 관찰하라.** 책 전체에 대한 개관은 개개 문장들의 연구를 위해서는 반드시 필요하다. 저자의 주장의 발전을 추적해서 당신이 택한 본문이 이 배경에 어떻게 어울리는지를 보일 수 있게 하라.
3. **본문의 중요한 문제들을 해결하라.** 본문의 중요한 문제들은 주요 번역본 성경들과 당신이 가지고 있는 헬라어 신약성경의 비평장치에 나와 있을 것이다. 강단에서 그러한 문제들을 토의할 필요는 설사 있다고 해도 거의 없지만, 그러나 당신은 최소한 원래의 본문이 무엇인지는 스스로 확신하고 있어야 한다.
4. **중요한 단어들의 뜻을 결정하라.** 당신이 선택한 본문에 있는 중요한 용어들에 대한 단어 연구를 하라.
5. **구문을 분석하라.** 당신이 선택한 본문의 해석에 직접적으로 기여하는 구문론적인 특징들을 기록하라.

6. **문장 구조를 결정하라.** 저자의 주장의 흐름을 그리고 본문에 있는 주요 개념들이 서로 어떻게 연결되어 있는지를 이해하려고 힘쓰라.
7. **수사학적으로 중요한 특징들을 찾으라.** 신약성경의 저자들은 그 의미를 전달하기 위해서 종종 다양한 문학적 양식들을 사용했다. "내개체가 베시지"인 곳에서는 어디서나 저자가 무엇을 행하고 있었는지를 보여줄 수 있는 능력이 당신의 석의에 대단이 중요하다.
8. **자료들이 어떻게 사용되었는지를 관찰하라.** 당신이 선택한 본문에서 저자의 독특한 문학적인 그리고/또는 신학적인 기여를 나타내 주는 편집적인 특징들을 찾으라.
9. **당신이 선택한 본문의 중심 사상을 결정하라.** 당신이 선택한 본문에서 현대의 그리스도인들과 관련이 있는 삶의 주제들을 찾아내라. 그리고 나서 그 문장의 중심 교훈이라고 생각되는 것을 한 문장으로 기록하라.
10. **본문에서 설교의 개요를 끌어내라.** 당신의 석의의 결과들을 시대를 초월해서 당신의 회중의 현재의 필요와 관련이 있는 방식으로 본문의 주장들과 진술들을 보여 주는 실행 가능한 개요로 만들라.

이것이 헬라어 석의이며, 그리고 이것은 당신의 삶을 근본적으로 바꾸어 놓을 수 있다. *당신이* 실행한다면—그것은 작동한다. 이 단계들을 충분히 숙달하면 당신은 기술과 확신을 가지고 헬라어 신약성경을 사용할 수 있게 될 것이다. 그리고 당신은 당신 자신을 위해서 풍부한 즐거움의 원천을 열게 될 것이다.

주의 한마디; 이 단계들의 대부분은 신약성경의 배경들, 본문비평, 헬라어 구문론, 그리고 설교학—포함된 종속학문 분야들을 단지 몇 개만 언급하자면—을 포함해서 해석의 여러 분야들과 협력하여 연구될 때에만 숙달되어질 수 있다. 앞으로 논의될 내용은 당신이 최소한 이따금씩 설교의 일반적인 원칙들과 접하고 있으며 번역에 있어서 기본적인 능력을 가지고 있다고 전제하면서 가장 기본적인 지침들에 의도적으로 한정하고자 한다. 필자는 또한 당신이 그것들을 실제로 *사용하기를* 희망하면서 각 항목들에 기본적인 참고 문헌을 포함시켰다.

석의 단계들의 분석

1. 제1단계; 역사적 배경을 개관하라.

우선 첫째로, 당신이 연구하고 있는 책의 역사적 배경에 익숙해지라. 여기서 요점이 되는 질문은 "어떤 역사적 요소들이 그 저서의 배후에 놓여있는가?"이다. 당신은 책 자체에서 이 정보에 대하여 많은 것을 이끌어 낼 수 있다; 그 가운데 얼마에 대해서 당신은 신약성경 개론서, 그 책에 대한 주석서, 그리고 성경사전과 같은 여러가지 성경 연구 도구들의 자문을 구할 필요가 있을 것이다(제2장 참조). 다음을 결정하려고 시도하라:

누가 그 책을 썼는가?
그 책의 수신자는 누구인가?
저자와 독자들 사이에는 어떤 종류의 관계가 존재했었는가?
저자는 그 책을 쓸 때 어디에 있었는가?
어떤 상황이 그 책을 쓰는 동기가 되었는가?
그 책의 목적은 분명하게 서술되어 있는가?

독자들은 어디에 살고 있었는가?
수신자들의 특수한 문제나 요구들은 무엇이었는가?

이러한 질문들 배후에 있는 근본적인 가정은 신약성경의 책들이 *특별한 경우의 문헌들*(occasional documents), 즉 그 책들은 저자나 또는 독자들의 관점에서 볼때 어떤 특수한 상황 때문에 쓰여졌다는 것이다. 당신이 이러한 상황들을 더 잘 이해하면 할수록, 당신은 성경의 메시지를 현대의 삶에 더욱 더 잘 적용할 수 있게 될 것이다.

역사적 배경에 관해서는 다음의 자료들이 특히 도움이 된다:

Frederick F. Bruce. *New Testament History*. Garden City, N.Y.: Doubleday, 1971. (「신약사」, CLC)

Charles K. Barrett. *The New Testament Background: Selected Documents*. Revised edition. San Francisco: Harper/London: SPCK, 1987. (「신약성경의 배경: 발췌 문헌」)

Everett Ferguson. *Backgrounds of Early Christianity*. Grand Rapids: Eerdmans, 1987. (「초기 기독교의 배경」)

David E. Garland. "Background Studies and New Testament Interpretation." Pp. 349-76 in *New Testament Criticism and Interpretation*. Edited by David Alan Black and David S. Dockery. Grand Rapids: Zondervan, 1991.

2. 제2단계; 더 넓은 문학적 배경을 관찰하라.

두 번째 단계는 두 가지 가정에 근거하고 있다. 첫째는, 석의의 기본 단위는 단락(paragraph) – 하나의 주제를 가진 문장들로 이루어진 별개의 그룹 – 이다. 둘째는, 사상은 대개는 일련의 관련 개념들로 표현된다. 신약성경의 책은 다방면의 잡다한 요소들을 아무런 체계 없이 한데 모아 놓은 서류철이 아니다. 그 반대로 그것은 마치 조각 그림 맞추기 같은 것이어서, 각각의 조각은 그 주위의 조각들과 꼭 들어 맞으며 그리고 전체 그림판에 있는 그 조각에 맞는 자리를 떠나서 조각 하나만 가지고서는 아무런 의미도 가질 수가 없다. 이 그림판을 보면 당신은 전체를 구성하는 부분들을 왜곡시키지 않게 될 것이다.

당신이 선택한 본문이 한 부분이 되는 전체 책의 쟝르를 결정하는 것으로 시작하라. 신약성경에 있는 4가지 기본적인 쟝르는 복음서, 행전, 서신, 그리고 계시록이다. 각각의 형식 속에는 이야기(narrative), 기적 이야기, 비유, 지혜 말씀, 찬송, 권면, 인용문, 예언, 지복(beatitude) 등과 같은 종속형식들(subtypes)이 있다. 신약성경의 문학 양식들은 인물 기사, 사설, 그리고 부고 기사 사이의 차이점들이 오늘날 신문을 우리가 읽을 때 영향을 끼치는 것과 똑같은 방식으로 본문에 대한 우리의 이해에 영향을 끼친다. 따라서 당신이 선택한 본문의 의미를 분별하려고 시도하기 전에 취급하고 있는 쟝르를 결정하는 것이 *대단히 중요하다.*

당신이 취급하고 있는 문학의 형식을 결정한 후에는 당신이 선택한 본문이 있는 책의 개요를 숙지하라. 한 번에 앉은 자리에서 방해받지 않고 책 전체를 읽을 일정한 시간을 가지도록 시도하라. 그 책을 적절한 소항목들, 즉 저자가 그의 주제에 관해서 말한 것을 반영하는 교훈 단위들(the teaching blocks)로 나누기 위해서 최선을 다하라. 그 다음에는 *구문*과 *주제*를 관찰함으로써 설교 본문의 한계를 결정하라. 연결어들(접속사와 불변화사들)에 특히 주의를 기울이라. "그러므로", "그래서" "이러한 이유로", 그리고 "이 때문에" 등과 같은 단어들을 찾으라. 이것들은 새로운 단락의 시작을 나타내는 유일한 단어들은 아니지만, 그러나 거의 언제나 그런 역할을 하고 있다. 주석서들과 신약성경 개론서들도 이 시점에서 참고해야 한다. 마지막으로, 두세 개 정도의 현대역 번역본들(예를 들면, NIV, NRSV, REB)과 대조해서 헬라어 신약성경에 있는 단락 구분을 검토하는 것이 도움이 될 수 있다. 필요하다면 본문 자체에 나와 있는 자연스런 경계선들과 맞추기 위해서 당신의 설교 본문을 조정하라(확대하거나 축소하라).

신약성경의 장르들에 대한 뛰어난 개관을 위해서는 다음의 책을 참고하는 것이 좋다:

Craig L. Blomberg. "The Diversity of Literary Genres in the New Testament." Pp. 507-32 in *New Testament Criticism and Interpretation*. Edited by David Alan Black and David S. Dockery. Grand Rapids: Zondervan, 1991.

어떤 지시의 내적인 통일성과 구조를 분별해 내려는 시도는 논술분석(discourse analysis)이라고 불리운다. 이 연구 분야에 대한 입문서로는 다음의 책을 참고하라:

David Alan Black(ed.). *Linguistics and New Testament Interpretation: Essays on Discourse Analysis*. Nashville: Broadman, 1993.

3. 제3단계; 본문의 중요한 문제들을 해결하라.

신약성경 헬라어 사본들 사이에서 대다수를 차지하는 다른 본문들(variants)은 크게 중요하지는 않다. 중요한 다른 본문들은 그 수가 약 2천개 정도이다. 이들 중의 대부분은 신약성경을 연구하는 학생들에게는 없어서는 안될 자료인 브루스 M. 메츠거(Bruce M. Metzger)의 *Textual Commentary*에 주의 깊게 논의되어 있다(제2장의 설명을 참조하라). 본문의 의미에 영향을 미칠 수 있는 어떤 양자택일적인 본문들이 당신이 선택한 본문에 있다면, 당신은 각각의 본문을 지지하는 증거를 검토할 필요가 있다. 외적이고 내적인 증거 둘 다 고찰되어야 한다. 외적인 증거에 대한 질문들은 다음과 같다:

어떤 본문이 가장 오래된 것인가?
어떤 본문이 지리적으로 더 널리 분포되었는가?
어떤 본문이 여러가지의 본문 형식들에 의해 지지되는가?

내적인 증거에 대한 질문들은 다음과 같다:

어떤 본문이 다른 본문들의 유래를 가장 잘 설명하는가?
어떤 본문이 필사자의 오류로 돌려질 수 있는가?
어떤 본문이 저자의 문체 및 사상과 가장 잘 일치하는가?

본문비평은 현존하는 헬라어 사본들에 있는 여러 종류의 오류들을 다루기 때문에 본문에 나오는 오류들의 형태들에 대하여 어느 정도는 아는 것이 필요하다. 두 가지 기본적인 오류의 범주들은 *우발적인 것*과 *의도적인 것*이다. 우발적인 오류들은 종종 본문이 크게 읽혀지고 필사자는 그 본문을 기록하기 위해서는 듣는 것에 의존하는 데서 발생했다(롬 5:1을 예로 들면, 여기서 사본들은 *εἰρήνην ἔχομεν*[화평이 있고]과 *εἰρήνην ἔχωμεν*). 다른 형태의 우발적인 오류들은 오해나 건망증에서 비롯된 것들이다(예를 들면, 단어 순서의 변동, 동의어들의 대체, 유사한 문장들의 비의도적인 일치, 등). 의도적인 오류들은 사실에 대한 분명한 오류(막 1:2을 참조), 병행 본문들의 일치(눅 11:2-4을 참조), 그리고 교리적인 수정들(롬 8:1 참조)을 고치기 위한 변경들을 포함한다.

본문비평을 하기 위해서는 원래의 본문을 결정하는데 사용되는 자료들에 대한 실용적인 지식(예를 들면, 헬라어 사본들, 고대의 역본들, 그리고 초대교회 교부들의 인용들), 헬라어 신약성경의 본문비평장치에 대한 숙지, 그리고 본문에 대한 결정이 어떻게 행해지는가에 대한 이해가 필요할 것이다. 이러한 문제들은 다른 데서 철저하게 다루어지는 것처럼 여기서 논의될 필요는 없다. 신약성경 본문비평과 관련된 주요 문제들에 대한 개관을 위해서는 최소한 다음의 책 중에 하나는 읽어야 한다:

Bruce M. Metzger. "Introduction." Pp. xiii-xxxi in *A Textual Commentary on the Greek New Testament*. New York/London:United Bible Societies, 1971.

Gordon D. Fee. "The Textual Criticism of the New Testament." Pp. 419-33 in *The Expositor's Bible Commentary*, Vol. 1. Edited by Frank E Gaebelein. Grand Rapids: Zondervan, 1979.

Michael W. Holmes. "Textual Criticism." Pp. 101-34 in *New Testament Criticism and Interpretation*. Edited by David Alan Black and David S. Dockery. Grand Rapids: Zondervan, 1991.

David Alan Black. "New Testament Textual Criticism." In *Holman Bible Introduction*. Edited by David S. Doc-kery et al. Nashville: Broadman, forthcoming.

시간이 있다면 제2장에서 언급한 표준적인 개론서들 중에 하나를 또한 살펴보라(예를 들면, 메츠거의 *Text of the New Testament* 나 또는 그린리의 *Introduction to New Testament Textual Criticism*).

4. 제4단계; 중요한 단어들의 뜻을 결정하라.

단어들은 언어의 기본적인 구성 소재이기 때문에 언제나 중요하다. 어떤 문장들은 그 뜻이 불명확하거나, 애매모호하거나, 또는 신학적으로 중요한 단어들을 포함하고 있다. 그러한 단어들에 대한 이해가 부적합하다고 생각된다면, 당신은 단어 연구를 함으로써 도움을 받을 수 있다. 대체적으로 각각의 단어는 여러가지 의미를 가지고 있다. 그러나 일상적인 상황 하에서, 그 단어는 그 문맥 속에서 단지 한가지 뜻만을 가지고 있다. 그러므로 우리의 책임은 저자가 의도한 뜻을 분별하는 것이다. 각 단어에 대해서는 다음의 질문들을 던져보라:

그 단어의 가능한 의미들은 무엇인가?
어떤 뜻이 이 문맥에 가장 잘 어울리는가?
그 단어가 다른 문장들에서 동일한 저자에 의해서 어떻게 사용되었는가?
그 단어가 어떤 특수한 함축적인 의미를 가지고 있는가 (예를 들면, 문둥병자, 사마리아인, 종)?
그 단어의 의미를 결정하는 것을 도울 수 있는 동의어나 반의어가 그 문맥에 있는가?

다음과 같은 잘못들을 주의하라:

어원에 의한 추정(단지 어떤 단어의 어원에만 근거해서 뜻을 결정하는 것).

전체의 불합리한 전이(轉移)(어떤 단어가 가질 수 있는 의미의 전체 범위를 그 단어가 나오는 개개의 문맥에 추가시켜서 읽는 것).
단어와 개념을 혼동하는 것(개념들이 단지 단어의 수준에서는 거의 표현되지 않는다는 것을 인식하는데 실패하는 것).
과도한 분석(석의의 다른 분야들을 무시하고 단어 연구들을 수행하는 것).

이러한 잘못들은 범하기 쉽고 매우 "설교하기 쉽지만", 그러나 그것들은 어떠한 대가를 치루더라도 피해야만 한다. 헬라어 단어의 "진정한" 의미에 대해 말하기를 좋아하는 설교자들은 대개는 어원으로 그 의미를 추정한다. 사전적인 분석의 요점은, 어떤 단어가 여러가지 의미를 가질 수 있지만 그 중에 오직 하나의 뜻만이 아마도 그 단어가 나오는 어떤 특수한 문장에 대해서 그 의미론적인 기여를 할 것이라는 것을 기억하는 것이다. 대부분의 단어를 위해서 필자는 다음의 절차를 추천한다. 첫째로, 당신이 연구하고 있는 단어의 의미의 범위에 대한 개념을 얻기 위해서는 주요 사전들(특히 BAGD와 그리고 Louw와 Nida의 *Lexicon*)을 참조하라. 그 다음에는, 그 용어에 대한 저자의 특별한 용법에 관한 감(感)을 잡기 위해서는 콘코던스를 검토하라. 마지막으로, 어떤 단어를 더 연구해야 할 필요성을 느낀다면, *NIDNTT*에서 그것을 찾아보라.

다음의 책들은 단어 연구를 할 때 당신의 기술을 발전시키는데 도움이 될 것이다:

Moisés Silva. *Biblical Words and Their Meaning: An Introduction to Lexical Semantics*. Grand Rapids: Zondervan, 1983.
Donald A. Carson. *Exegetical Fallacies*. Grand Rapids: Baker, 1984(esp. chap. 1:"Word Study Fallacies").

David Alan Black. *Linguistics for Students of New Testament Greek: A Survey of Basic Concepts and Applications*. Grand Rapids: Baker, 1988(esp. chap. 5: "Semantics: Determining Meaning").

Neal Windham. *New Testament Greek for Preachers and Teachers*. Lanham, Md.: University Press of America, 1991 (esp. chap. 5: "Words and Phrases: Determining the Meaning of New Testament Vocabulary").

5. 제5단계; 구문을 분석하라.

구문론은 단어들 사이에 존재하는 문법적인 그리고 의미론적인 관계들을 포함한다. 구문론에 대한 연구는 당신을 불가피하게 헬라어 본문으로 데려갈 것이다. 주석서들을 읽는 것을 통해서도 당신은 또한 고려해야 할 필요가 있는 더 깊은 질문들에 대해서 주의를 기울이게 될 것이다. 구문론적 분석에서 당신의 주요 관심사는 본문에 대한 당신의 해석에 영향을 끼칠 수도 있는 어떤 문법적인 특징을 분리해 내는 것이다. 석의에 있어서 중요한 분야들은 다음과 같다:

정관사가 있는지의 여부.
동사형들의 시제(상)와 태.
명사들과 대명사들의 격.
단어, 구, 그리고 절의 순서.
전치사들.
접속사들.

구문론에 관한 문제를 만났을 때는 BDF와 그리고 다음의 권위

있는 교재들 중에 한 권이나 또는 몇 권을 참조하는 것이 바람직하다:

James A. Brooks and Carlton L. Winbery. *Syntax of New Testament Greek*. Lanham, Md.: University Press of America, 1979.

H. E. Dana and Julius R. Mantey. *A Manual Grammar of New Testament Greek*. New York: Macmillan, 1927.

J. Harold Greenlee. *A Concise Exegetical Grammar of New Testament Greek*. 5th edition. Grand Rapids: Eerdmans, 1986.

동사의 상(相)과 그리고 단어, 구 절의 순서에 대한 보다 완전한 논의는 다음의 책에서 찾아볼 수 있다:

David Alan Black. *Learn to Read New Testament Greek*. Nashville: Broadman, 1993(esp. chap. 26: "Reading Your Greek New Testament: Six Areas of Application").

6. 제6단계; 문장 구조를 결정하라.

구조 분석은 절이나 문장과 같은, 의미의 더 큰 단위들 사이에 존재하는 관계들과 관련이 있다. 복합적인 문장들에 대해서는 이 시점에서 충분한 구조적인 분석을 하는 것이 도움이 될 것이다. 구조 분석의 목적은 본문의 중심 주제가 명백하게 드러나는 그러한 방식으로 문장의 단어들을 재배열하는 것이다. 이 분석은 또한 주절과 본문에 있을 수 있는 다른 종속절 사이에 존재하는 관계를 드러낼 것이다. 주절은 대개는 본문의 주요 주제(개념)를 나타내는 반면 종속절은 일반적으로 주요 개념의 발전 내용을 표현한다. 주의 한 마디 할 차례이다: 영어에서 주절로 나타나는 것은 헬라어에서는 종종 종속절이다. 따라서 구조 분석을 할 때는 가능한 한 헬라어 본문으로 연구하는 것이 필요하다.

문장을 분석하는 데는 어떤 "정확한" 방법도 없으며, 이러한 연구 방법에서 고정된 본보기나 절차도 또한 없다. 당신의 필요와 목표에 가장 잘 어울리는 그러한 절차를 스스로 개발해야만 한다. 필자가 선호하는 절차는 기본적인 세 단계로 구성되어 있다:

1. 모든 주절들은 페이지의 왼 쪽에 기록하라.
2. 다음 줄에 있는 모든 종속절이나 구들은 그것들이 수식하는 단어(들) 밑에 기록하라.
3. 저자의 주장을 당신 자신의 말로 다시 쓰라.

이 시점에서 당신은 부분들을 끌어모아서 하나로 만들려고 시도하며 그것들을 서로 관련시키면서 문장을 "도표화"(charting)시킨다. 또한 그 목적은 저자의 원래의 사상을 가능한 한 분명하게 재구성하는 것이다. 다음은 빌립보서 1:9-11에서 가져온 분석의 본보기이다:

And this is my prayer[*τοῦτο προσεύχομαι*]
(내가 기도하노라)
  that [*ἵνα*] your love may abound still more and more with knowledge and discernment
  (너희 사랑을 지식과 모든 총명으로 점점 더 풍성하게 하사)
    in order that you may approve[*εἰς τὸ δοκιμάζειν ὑμᾶς*]
what is excellent

(너희로 지극히 선한 것을 분별하며)
so that [ἵνα] you may be pure and blameless in the day of Christ
(또 진실하여 허물 없이 그리스도의 날까지 이르고)
having been filled [πεπληρωμένοι] with the fruit of righteousness
(의의 열매가 가득하여)
that comes through Jesus Christ
(예수 그리스도로 말미암아)
to the glory and praise of God.
(하나님의 영광과 찬송이 되게 하시기를 구하노라)

위에서 도표화한 것과 같은 사상의 흐름은 다음과 같이 표현될 수 있다:

> 나의 기도는 서로에 대한 너희의 사랑이 지식과 충만한 통찰력으로 넘치게 되는 것이다. 그러한 분별하는 사랑의 목적은 당신이 무엇이 가장 선한 것인지를 결정하도록 도울 것이며, 그래서 그리스도께서 재림하실 때 당신이 진실하고 허물 없는 사람이 되게 하는 것이다. 그러한 거룩한 사랑은 오직 당신이 예수 그리스도를 통하여 하나님의 의로 이미 충만해졌기 때문에 가능하다. 하나님께서는 자신에게 존귀와 영광을 돌리도록 하기 위해서 이 일을 하셨다.

이러한 형태의 분석은 당신의 기회를 극대화시켜서 당신의 성경 연구가 진실로 귀납적인 것이 되도록 만든다. 이러한 이유로 문장 구조에 대한 연구는 대부분의 주석가들에게는 헬라어 본문에 대한 그들의 작업에서 가장 즐겁고 가치있는 측면이다. 그것은 당신이 선택한 본문의 주장을 파악하는 가장 효과적인 방법 중의 하나이다.

이 분석을 해가면서 당신은 그 분석의 주요 특징들에 근거해서 개요를 구성할 수도 있다(제10단계 참조). 저자의 주장에 대해서 불분명한 곳이 있을 때는 주석서들과 다른 영어 번역본들을 참조하라. 무엇보다도, 당신이 본문으로 하여금 말하도록 하고 싶은 것에 근거해서는 결코 결정을 내리지 말라. 성령께서 원래의 본문을 구성하셨던 방식에 충실하려고 노력하라.

문장 도표화에 더 많은 도움을 원한다면 다음의 책들을 참조하라:

Johannes P. Louw. *Semantics of New Testament Greek*. Philadelphia: Fortress/Chico, Calif.: Scholars Press, 1982 (pp. 67-158).

Gordon D. Fee. *New Testament Exegesis: A Handbook for Students and Pastors*. Philadelphia: Westminster, 1983(pp. 60-77).

Walter L. Liefeld. *New Testament Exposition: From Text to Sermon*. Grand Rapids: Zondervan, 1984(pp. 45-56).

7. 제7단계; 수사학적으로 중요한 특징들을 찾으라

어떤 것이 말해진 *방식*(how)은 종종 말해진 *내용*(what) 만큼이나 중요하다. 그러므로 당신이 선택한 본문을 연구할 때 당신은 또한 그 본문의 문학적인 양식에 주의를 기울이는 것이 바람직하다. 본문의 설계는 그 의미의 일부이며, 이러한 설계를 무시하는 것은 커다란 성당(聖堂)을 합판벽으로 둘러싸는 것과 다름이 없다. 당신이 문

체를 분석할 때 찾아 보아야 할 것들은 다음과 같다:

두운법(같은 글자나 또는 소리로 시작하는 단어들의 반복).
접속사 생략(보통 나오는 접속사들의 생략).
교차법(단어들이나 또는 사상들의 수사학적인 도치).
재담(才談)(두 개의 유사한 소리가 나는 단어들을 의도적으로 사용하는 방법).
접속사 과다사용(접속사들의 불필요한 반복).

이 단계에서 당신이 해야 할 관찰은 그 소요시간이 다양할 수 있는데, 그것은 당신이 연구에 얼마나 많은 시간을 투자할 수 있느냐에 달려 있다. 당신이 수사학적인 양식들을 찾을 때 처음에 몇 번 잘 안 된다고 해서 실망하지 마라. 자꾸하다 보면 당신의 관찰은 수적(數的)으로나 깊이에서나 점점 늘어가게 될 것이다. 다음의 책들을 구입해서 읽는 것이 바람직하다:

Eugene A Nida, Johannes P. Louw, A. H. Snyman, and J. v.W. Cronjé. *Style and Discourse, with Special Reference to the Text of the Greek New Testament*. Cape Town: Bible Society of South Africa, 1983.

David Alan Black. *Linguistics for Students of New Testament Greek: A Survey of Basic Concepts and Applications*. Grand Rapids: Baker, 1988(pp. 132-36; 필자의 책에는 Nida의 책에 있는 자료의 많은 부분이 요약되어 있다).

8. 제8단계; 자료들이 어떻게 사용되었는지를 관찰하라.

어떤 특수한 책이나 문장의 배후에 있는 자료들을 분리해 내려고 많은 시간을 소비하지 말라; 당신의 초점은 언제나 본문의 최종 양식에 주어져야 한다. 이 단계에서 주목해야 할 중요한 점은 복음서들에서는 서로 다른 저자들이 같은 전승들을 서로 다른 방식으로 다루고 있다는 것이다(신약성경의 다른 책에서 이 점은 덜 두르러진다). 당신이 복음서 본문을 연구하고 있다면 복음서 대조연구서(synopsis)를 참조하는 것이 도움이 될 것이다. 본문이 복음서 저자의 삶의 배경에 어떻게 기여하고 있는지를 결정하려고 시도하라. 당신이 선택한 본문이 그 자체의 삶의 배경에서 어떻게 기능하고 있는지를 알기만 하면, 당신은 당신의 설교의 본론과 그 결론 사이의 연결이 별로 동떨어져 있지 않다는 것을 발견하게 될 것이다.

전승 분석에 대해서 더 알고자 한다면 다음의 책들을 참조하라:

Scot McKnight. *Interpreting the Synoptic Gospels*. Guides to New Testament Exegesis 2. Grand Rapids: Baker, 1988.

Grant R. Osborne. "Redaction Criticism." Pp. 199-224 in *New Testament Criticism and Interpretation*. Grand Rapids: Zondervan, 1991.

9. 제9단계; 선택한 본문의 중심 사상을 결정하라.

다음 단계로 당신은 적용에 직접적으로 초점을 맞추어야 한다. 종이 한 장 위에다가 본문의 주요 개념들을 열거하라. 그리고 나서 본문의 나머지 부분에서 확대되어 있는 중심 개념을 찾으라. 이것이 본문의 *중심 사상*이다. 이 사상은 당신이 선택한 본문의 제1차적인 진리로 발전되어야 한다. 일반적으로 말하자면, 어떤 본문에는 여러 개가 아니라 오직 하나만의 중심 사상이 있을 뿐이다. 이러한 진리는 여러 가지 방식으로 표현될 수 있지만, 그러나 그 핵심은 언제나 동일하다.

예를 들면, 유오디아와 순두게에게 의좋게 살라는 바울의 권면(빌 4:2)은 원래는 빌립보 교인들에게 말한 것이었다. 그 문장의 의미는 이런 식으로 설명될 수 있다: "유오디아와 순두게는 다투기를 그만 두고 주 안에서 의좋게 살아야 한다." 그러나 그 근본 원리는 모든 지역, 모든 문화 가운데 살고 있는 모든 그리스도인과 관련되어 있다. 그 문장에서 추론된 분명한 원리는 바로 이것이다: "다투고 있는 그리스도인들은 그것을 멈추고 의좋게 살아야 한다." 이 원리 ─ 믿는 사람들은 서로 의좋게 살아야 한다는 것 ─ 는 빌립보 교인들 시대에 그런 것과 마찬가지로 오늘날에도 유효하다.

이 단계의 분석은 당신의 성경 연구에 있어서 "근본적인 것"이다. 세월이 흐를수록 당신은 당신의 설교 준비에 있어서 대들보로서 그것에 의지하게 될 것이다. 왜냐하면 진리의 적용은 오늘날의 교회에서 가장 필요한 것이기 때문이다. 신약성경은 본래 우리의 지식을 위해서 쓰여진 것이 아니라 우리의 변화(變化)를 위해서 쓰여졌다는 것을 기억하자. 그러므로 우리는 본문의 삶을 변화시키는 진리를 깊이 생각할 시간을 가져야만 한다.

10. 제10단계; 본문에서 설교의 개요를 끌어내라.

당신은 이제 당신이 특별한 은혜 가운데 배웠던 것을 다른 사람들에게 전달할 차례이다(딤후 2:2). 가장 단순한 말로 요약하자면, 설교의 발전은 두 가지 기본적인 행위들을 포함한다: 선포되어야 할

성경의 메시지를 결정하는 것(제9단계)과 그 메시지를 일관성 있는 설교의 구조로 배열하는 것(제10단계). 그 목적은 메시지와 설교 구조 사이의 통일성을 획득하는 것이다. 가능한 한 많이 당신의 설교의 설계도는 성경 본문 자체로부터 나와야 하며, 강력하고 아름다운 설교 구조를 만들기 위해서 적절한 비율로 잘라지고 다듬어져야 한다.

먼저 당신이 생각하기에 선택한 본문의 중심 교훈이 무엇인지를 결정하고, 그리고나서 당신의 말로 하나의 완전한 문장으로 그것을 명확하게 진술하라. 이 진술은 간결하고, 명확하며, 원래 저자의 의도에 충실한 것이어야 한다. 그 다음에는 이 중심 교훈과 관련이 있는 지지 사항들을 모으고, 그것들을 논리적인 순서로 열거하라. 당신이 전할 메시지의 형식과 내용은 본문 자체에서 나와야 한다는 것을 기억하라. 청중이 그들이 가진 성경으로 설교를 따라갈 수 있는 그러한 형태로 당신의 설교의 개요를 구성하는 것을 분명히 하라. 설교와 그리고 당신의 설교의 다양한 부분들에 맞는 제목을 설정하라. 마지막으로, 본문의 중심 진리를 더 잘 설명하는 몇 개의 문장들(예화를 포함해서)을 써보라.

이 단계의 석의에 대한 유익한 지침서로는 다음의 책들을 참조하라:

Haddon W. Robinson. *Biblical Preaching: The Development and Delivery of Expository Messages*. Grand Rapids: Baker, 1980.

John R. W. Stott. *Between Two Worlds: The Art of Preaching in the Twentieth Century*. Grand Rapids: Eerdmans, 1982.

Walter L. Liefeld. *New Testament Exposition: From Text to Sermon*. Grand Rapids: Zondervan, 1984.

이것들이 본문에서 설교로 가기 위해서 필요한 단계들이다. 당신이 이 과정을 시작할 때 새로운 접근 방식이나 또는 여러 가지 방법론들 때문에 겁먹지 말라. 당신 자신에 맞는 난이도를 선택하고, 그 단계들에 익숙해지면 여러가지 단계들을 추가하라. 이 단계들은 반드시 위에서 제시한 정확한 차례대로 시행되어져야 하는 것은 아니다(제1-제8단계는 제9-제10단계 앞에 실행되어져야 하지만); 당신은 자신의 우선 순위와 시간 형편에 따라 그 방법을 조종할 수 있다.

당신은 또한 독자적인 연구를 얼마나 많이 해야 할지를 신중히 검토해야 할 것이다. 당신은 단지 문장을 도표화할 것인지 또는 *NIDNTT*에서 어떤 단어를 찾을 것인지의 여부를 결정할 수 있을 뿐이다. 필자의 조언은 각 단계를 당신이 직접 하려고 노력하되, 역사적이고 문학적인 배경에(제1-제2단계), 구문론적인 구조에(제5-제6단계), 그리고 원래의 저자의 의도에 충실한 설교적 개요를 만들어 내는 것에(제9-제10단계) 집중하라는 것이다. 본문이 이러한 효과적인 단계들을 통하여 연구된다면 본문에 대한 깊이 있는 이해를 얻게 될 기회는 충분히 있다.

무엇보다도 진정한 성경적 설교는 본문의 원래의 의미와 기능을 결코 넘어가지 않는다는 것을 기억하라. 이것은 당신이 현대의 상황과 관련이 있다고 보이는 본문의 특징들을 강조할 수 없다는 뜻은 아니다. 오케스트라 지휘자처럼 당신은 어떤 특수한 목적을 위해서 주제들을 강조하거나 가감하려고 할 수 있다. 그럼에도 불구하고 당신의 설교가 본문을 명확하게 드러내든지 또는 단지 그것을 암시적으로만 언급하든지간에, 당신은 책임감 있는 석의를 해내야만 하는 것이다.

단계들의 적용: 데살로니가전서 5:16-18

이 단계들이 익숙하다고 느껴져서 더 나아가고 싶다면, 당신의 석의의 결과를 필자의 것과 비교하기 전에 당신 스스로 이 본문을 연구할 수도 있을 것이다. 실례를 보여주기 위해서 당신이 데살로니가전서 5:16-18에 관해 설교를 하도록 요청을 받았다고 가정해보자: "항상 기뻐하라 쉬지 말고 기도하라 범사에 감사하라 이는 그리스도 예수 안에서 너희를 향하신 하나님의 뜻이니라."

1. 제1단계; 역사적 배경을 개관하라

데살로니가 전서 자체부터 시작하라. 바울과 데살로니가 교인들 사이의 역사적 상황을 밝혀줄 수 있는 모든 상세한 내용들에 주의를 기울이라. 당신의 요약은 다음과 같은 것을 조사할 수도 있다:

> 데살로니가 전서는 바울이 데살로니가를 갑자기 떠난 바로 직후에 기록되었다. 그러나 바울을 그 도시에서 몰아낸 적의는 여전했고, 그리고 데살로니가의 개종자들 중 얼마는 모든 희망을 잃게 될 시점에 있었다. 더욱이 어떤 세속적인 경향들이 교회에서 생겨나고 있었다: 부도덕함(4:3-8), 게으름(4:9-12), 그리고 불화(5:12-13). 그리스도 안에서의 이러한 유아(幼兒)들은 격려가 필요했다!

이 시점에서 "데살로니가"에 대한 어떤 훌륭한 성경사전의 기사는 그 교회가 세워진 도시의 문화적, 정치적, 그리고 종교적 배경에 대하여 추가적인 세부 사항들을 제공해 줄 수 있다. 성경 주석서들은 종종 그러한 유용한 정보를 제공한다.

2. 제2단계; 더 넓은 문학적 배경을 고찰하라.

대부분의 해석자들은 데살로니가 전서가 두 개의 주요 부분으로 나누어져 있다는데 동의한다: 칭찬(1:2-3:13)과 징계(4:1-5:22). 한편으로, 바울은 데살로니가 교인들이 극심한 환란에도 불구하고 그리스도께 계속 충성했다고 격려한다(3:8); 다른 한편으로 그는 그들의 "믿음의 부족한" 어떤 부분들에 대해서 깊은 관심을 가지고 있다(3:10).

5:16-18에 있는 3중의 권면은 서신의 이 두 번째 부분에서 발견되는데, 특히 5:12-22을 포함하는 부분에서 나온다. 이 절들에서 바울은 데살로니가 교인들에게 더 깊은 영성을 촉구하고 있다. 5:12-22에서의 권면은 지도자들과(12-13절) 전체 교회에 대한(14-15절) 적절한 태도에 관한 훈계의 목록이다. 기뻐하고, 기도하고, 그리고 감사하라는 바울의 명령은 이 구절들과 밀접하게 관련되어 있다. 하나님과의 계속적인 교제(16-18절)를 떠나서는 12-15절에 있는 훈계들에 대한 순종은 있을 수가 없다. 달리 말해서, 우리가 내적으로 오염되어 있다면 다른 사람을 향한 하나님의 뜻을 성취하는 것은 불가능하다. 따라서 16-18절에서 바울은 믿는 자들의 내적 삶으로 방향을 돌린다.

3. 제3단계; 본문의 중요한 문제들을 해결하라.

*GNT*의 비평장치나 또는 메츠거(Metzger)의 「본문주석」(*Textual Commentary*)을 잠깐 살펴보면 이 절들에서는 본문외에 이문(異文)이 없다는 것이 드러나기 때문에, 그래서 우리는 다음 단계로 넘어갈 수 있다.

4. 제4단계; 중요한 단어들의 뜻을 결정하라.

데살로니가 전서 5:16-18에서 중심 단어들은 분명히 "기뻐하라", "기도하라", 그리고 "감사하라"는 단어들이다. 다음의 내용은 BAGD와 그리고 류(Louw)와 나이다(Nida)의 *Lexicon*에서 얻은 관찰의 목록의 본보기이다:

χαίρετε(기뻐하다)는 *εὐφραίνομαι*(행복의 표현으로서의 기쁨)와 *συνήδομαι*(어떤 유쾌한 경험의 결과로서의 기쁨) 둘 다와는 다르다. 바울은 분명히 개인의 상황과는 상관 없는 기쁨을 생각하고 있다.

προσεύχεσθε(기도하다)는 특수한 필요를 위해서 특별한 기도에 초점을 맞추고 있는 *δέομαι*와는 대조되는 일반적인 기도를 표현하는 포괄적인 용어이다. 사실 간구는 기도의 한 중요한 측면이지만(3:10을 참조), 그러나 바울이 여기서 사용하고 있는 용어는 다른 형태의 기도를 또한 포함할 정도로 충분히 포괄적이다(예를 들면, 감사; 18절).

εὐχαριστεῖτε(감사하라)는 신약성경에서 감사에 대한 제1차적인 용어이다. 그것은 거의 언제나 사람이 아니라 하나님께 대한 감사에 사용된다. 이 동사는 주의 만찬 제정(制定)의 말씀에서 비롯된다; 그래서 성만찬의 명칭이 "감사"(Eucharist)이다.

5. 제5단계; 구문을 분석하라.

중요한 구문론적인 요점에 대한 당신의 목록은 아마도 이와 같을 것이다:

세 동사 모두 명령법이며, 기뻐하는 것, 기도하는 것, 그리고 감사하는 것은 선택 사항이 아니라 요구 사항이라는 것을 보여준다.

세 동사 모두 현재시제이며, 기뻐하는 것, 기도하는 것, 그리고 감사하는 것은 계속적이고 습관적인 행위여야 한다는 것을 암시하고 있다.

18절에 있는 "이는"(τοῦτο)은 단수이지만, 아마도 세 가지 명령 모두에 적용이 된다. 달리 말해서, 그것들은 삶에 대한 세 가지의 다른 태도가 아니라 한 태도의 세 가지 측면을 나타내고 있다. 세 가지 모두 같이 실행되어야 한다.

ἐν πάντι(18절)는 "항상"(at every time, 16절에 있는 *πάντοτε*가 그런 것처럼)을 뜻하는 것이 아니라 "모든 일에"(in everything), 즉 '모든 상황에서'를 뜻한다. 바울은 모든 것을 *위해서*(for) 감사하라고 말하는 것이 아니라, 모든 일에(in) 감사하라고 말하는 것이다.

바울은 정관사 없이 "뜻"(*θέλημα*)이라는 단어를 사용하고 있다. 이것은 그가 하나님의 뜻 전부를 표현하려고 시도하고 있는 것이 아니라 오히려 그것의 어떤 면을 표현하려고 시도하고 있다는 것을 암시하는 것으로 보인다. 하나님의 뜻은 다른 많은 중요한 것들을 포함하고 있다(4:3을 참조).

ἐν Χριστῷ(18절)라는 구(phrase)는 믿는 자가 행하는 모든 일에서 그리스도의 중심성을 강조하는 전형적인 바울의 표현이다. 우리는 그리스도 안에서 드러난 하나님의 뜻을 떠나서는 하나님께서 우리에게 원하시는 것을 알 수 없으며, 또한 그리스도의 능력의 임재를 떠나서는 그 뜻을 수행할 수 없다.

6. 제6단계 ; 문장 구조를 결정하라.

이 절들의 문장 구조는 매우 단순하다. 바울은 그리스도인의 특성을 나타내야 하는 세 가지 행위들을 열거하고, 그리고나서 그의 명

령들을 그리스도 예수 안에서 하나님의 뜻에 근거시킨다:

16절	기뻐하라	그리스도 예수 안에서 하나님의 뜻
17절	기도하라	
18절	감사하라	

사상의 흐름은 다음과 같이 요약될 수 있다:"그리스도인의 삶의 필수적인 부분은 기뻐하고, 기도하고, 그리고 감사하는 것이다. 이것은 그리스도께 믿음을 둔 자들에게 하나님이 원하시는 것이다."

7. 제7단계; 수사학적으로 중요한 특징들을 찾으라.

데살로니가 전서 5:16-18에서 수사학적인 특징들은 다음과 같다:

π로 시작하는 두운법: πάντοτε… προσεύχεσθε… πάντι. 이러한 특징은 귀를 즐겁게 하고 절(節)들 사이의 접촉점을 제공한다.

접속사 생략(16-18절 사이에 접속사들의 생략). 저자는 우리의 귀를 영적인 요구 사항들을 가지고 집중적으로 반복해서 찌른다.

교차법(이러한 형태의 문장 구조는 종종 가운데 있는 요소, 즉 여기서는 쉬지 말고 기도해야 하는 믿는 자의 의무에 주의를 불러 일으킨다):

A πάντοτε(16절)
　προσεύχεσθε(17절)
A′ ἐν πάντι(18절)

"세 개의 규칙":(1) 기뻐하라, (2) 기도하라, (3) 감사하라. 이 세 쌍의 명령은 본문을 조화시키며 아울러 결속시키고 있다. 단어와 구들의 3중적 배열은 데살로니가 전서에서는 현저하게 빈번하다(1:3; 2:10, 19; 5:8, 23을 참조).

8. 제8단계; 자료들이 어떻게 사용되었는지를 관찰하라.

쉬지말고 기도하라는 명령은 누가복음 18:1-8에 있는 「불의한 재판관의 비유」에서 표현된 동일한 개념에서 시작하고 있다(만약에 불의한 재판관이 과부의 끊임 없는 호소에 굴복한다면, 우리 모두의 의로우신 하나님이요 아버지께서는 얼마나 더 그렇게 하시겠는가!). 이 주제는 또한 누가복음 11:5-8에 나오는 「간청하는 친구의 비유」의 개념과도 아주 유사하다. 분명히 끊임 없는 기도는 우리 주님 자신의 중요한 가르침이었다!

9. 제9단계; 선택한 본문의 중심 사상을 결정하라.

절들을 하나의 "큰 개념"으로 함께 묶으라. 한 문장으로 본문에서 추출된 핵심이나 또는 주제를 기록하라: "하나님께서는 우리가 언제나 기뻐하고, 기도하고, 그리고 감사하기를 원하신다."

10. 제10단계; 본문에서 설교의 개요를 끌어내라.

마지막 단계의 목적은 중심 사상을 가져다가 그것을 책에서 반영된 역사적 상황과 그리고 현대의 믿는 자들이 직면하는 삶의 문제들 둘 다에 관련시키는 것이다. 삶의 곤경 가운데서의 염려는 데살로니가 교인들 사이에서 주요 문제였기 때문에, 그리고 바울은 이 문제를 염려를 대체할 수 있는 대안(代案)들 (예를 들면, 기쁨, 기도, 그리고 감사)에 초점을 집중시킴으로써 해결하고 있기 때문에, 이 문제는 다음의 설교의 개요와 요약으로 구체화되어졌다(본론의 세 가지 주요 요점들의 각각에 필자는 적절한 예화를 포함시켰다):

제 목 : 염려에 대한 승리를 위한 하나님의 계획

주 제 : 하나님께서는 우리가 기뻐하고, 기도하고, 그리고 감사함으로써 염려에 대해 승리하기를 원하신다.

개 요 : Ⅰ. 서론: 삶의 염려 가운데서 우리를 위한 하나님의 뜻은 무엇인가?

Ⅱ. 본론

A. 우리는 기뻐해야 한다

B. 우리는 기도해야 한다

C. 우리는 감사해야 한다

Ⅲ. 결론: 염려에 대한 승리를 위한 바울의 공식

설교 요약 : 데살로니가 교인들은 염려와 근심을 가득 지고 있었다. 최근에 그리스도께 개종한 사람들은 바울이 데살로니가를 갑자기 떠나간 후에 그들이 겪은 극심한 시련에 대해서 준비가 되어 있지 않았다. 야손의 집에 함께 모여서 그들은 바울이 그들에게 보낸 편지를 열어 본다. 바울 사도는 칭찬의 말도 많이 했지만, 또한 조금 염려하고 있기도 하다. 삶의 곤경 가운데서 사람이 기쁨과 희망을 잃어버리기란 너무도 쉽다고 바울은 말한다. 그러한 상황에서 하나님은 무슨 말씀을 하시는가?

여기 데살로니가 전서 5:16-18에서 바울은 믿는 자들은 — 그들의 상황과는 상관 없이 — 기뻐하고, 기도하고, 그리고 감사하는 것을 통해서 염려에 대해 승리할 수 있다고 말한다. 그의 첫 번째 명령인 "항상 기뻐하라"(16절)는 특히 바울이 15절에서 말하고 있는 것과 연결되어 있다: 악한 일을 당했을 때, 우리는 원한을 품거나 복수하는 것을 거부해야 한다. 우리의 기쁨은 호의적인 상황이나 또는 우리가 다른 사람에게 어떤 대우를 받는가에 달려 있지 않다. 고난은 그리스도인의 삶의 법칙이지만(3:1-5), 그러나 우리는 어떤 것이 우리의 침착함을 방해하도록 허락해서는 안된다. 우리는 "그리스도 안에" 있으며 그의 성령의 열매(갈 5:22)를 누리고 있기 때문에 마음속 깊이 노래를 부를 수 있다. [예화:데살로니가 교인들의 박해와 궁핍. 그들은 세상에서의 환란보다는 그리스도에 대해서 더 많이 생각했다(1:6).]

바울의 다음 명령-"쉬지 말고 기도하라"(17절)-은 항상 기뻐하라는 그의 명령의 배후에 있는 것과 동일한 개념에서 나오고 있다. 우리의 상황과는 상관 없이 그리스도 안에서 기뻐하는 것은 우리의 일상의 삶에서 도움을 얻기 위해 언제든지 그리스도께 의지할 수 있다는 것을 우리에게 상기시킨다. 기도는 이러한 의존하는 태도의 주요한 표현이다. 하나님을 아는 지식(*Knowing God*)이라는 책에서 제임스 I. 패커(James I. Packer)는 하나님을 아는 사람은 무엇보다도 기도의 사람이라고 말한다.[1] 그러나 기도는 단순히 하나님께 무엇을 구하는 것이 아니다. 여기서 바울이 기도에 대해서 사용하는 단어는 일반적인 헌신, 즉 하나님 지향적인 태도를 표현하는 말이다. 진실한 기도는 우리 자신의 요구가 아니라 하나님과 그의 충만한 은혜에 초점을 맞춘다. 우리가 언제나 말로써 기도하는 것은 불가능하지만, 우리는 언제나 이러한 기도의 분위기 속에서 살 수 있고 살아야 한다. [예화:바울은 편지에서조차도 종종 갑자기 무의식적인 기

1) J. I. Packer, *Knowing God* (Downers Grove, Ill.:InterVarsity, 1973).

도를 드렸다(이것은 데살로니가 교인들에게 보낸 이 두 편의 편지에서 특히 그러하다). 기도는 바울에게 숨쉬는 것만큼이나 자연스러운 것이었다. 계속해서 바울의 기도의 영은 말로써 발해지는 기도 속으로 넘치게 흘러들었다.]

바울은 다음의 명령으로 그의 세 가지 영적인 특성들을 완성시킨다: "범사에 감사하라"(18절). 앞의 두 가지처럼 이 명령도 "그리스도 안에" 거한다는 가장 중요한 중심 진리로부터 흘러나온다. 우리가 세상에 있을 때, 삶은 단지 우연에 속한 것이었다. 그러나 우리가 "그리스도 안에" 거하게 되었을 때, 그 모든 것이 변했다. 이제 우리는 가장 어려운 상황 가운데서조차도 우리의 삶을 위한 하나님의 사랑이 넘치는 목적은 성취되고 있다는 것을 안다. 우리가 이것을 깨달을 때, 우리는 삶의 모든 상황 가운데서(반드시 삶의 모든 상황을 *위해서*는 아니지만) 감사를 드릴 수 있다. [예화:바울은 감사할 것이 많았으며, 그리고 그는 종종 기도로 그러한 감사를 표현했다. 예를 들면, 그는 데살로니가 교인들을 위해서 계속해서 하나님께 감사를 드렸다(1:2을 참조: "우리가 너희 무리를 인하여 *항상* 하나님께 감사하고").]

이 특성들 각각－기쁨에 넘치는 것, 언제나 기도하는 것, 그리고 항상 감사하는 것－은 우리를 위한 하나님의 뜻이다(18절). 그것들은 단순히 바울이 내놓은 제안이 아니라 하나님의 요구 사항들이다. 바울에게 있어서 찬미, 기도 및 감사는 적합한 윤리적 행동만큼이나 요구되는 것들이다. 더우기 우리가 기뻐하거나, 기도하거나, 또는 감사해서는 안되는 그런 때란 결코 없다. 문제는 이러한 태도들을 *계속해서 유지하는* 것이다!

마지막으로, 바울은 우리의 문제들로 초조해하고 안달하는 것에 대한 해결책이 정말로 있다고 우리에게 말하고 있다. 여기에 염려에 대한 승리를 위한 그의 공식(formula)이 있다: *찬미* 더하기 *기도* 더

하기 *감사*는 *평화*이다. 이 공식을 지킬 때 우리는 기쁨을 얻게 되고 삶의 의미와 목적을 얻게 된다. 찬미는 하나님과 그리고 하나님의 우리 삶 가운데서 행사하시는 일을 기뻐하는 것을 의미한다. 기도는 하나님의 임재, 목적, 그리고 능력을 끊임 없이 자각하면서 사는 것을 의미한다. 감사는 우리의 삶을 주관하고 계시며 우리의 유익과 그의 영광을 위해서 모든 것을 성취하시는 하나님께 감사하는 것을 의미한다. 공식을 기억하라: 찬미 더하기 기도 더하기 감사는 평화이다. [필자가 이 본문으로 설교한다면, 필자는 주보 삽입물에 큰 활자체로 써서 주일 예배 주보 속에 이 공식을 넣어 둘 것이다. 그리고나서 청중들이 그것을 꺼내서 매일 볼 수 있는 장소－화장실 거울이든 또는 사무실 책상이든－에 그것을 놓아두라고 제안할 것이다. 또한 필자는 더 나아가서 데살로니가 전서 5:16-18을 외워서 완전히 기억될 때까지 매일 아침 저녁으로 암송하라고 제안할 것이다. 그래서 다음에 염려가 그들을 함정에 빠뜨려서 어떻게 해야 할지 모를 때에는, 그들은 희망을 가지고 그것에 대해서 주께 말씀드리고 주께 도우실 기회를 드리게 될 것이다. 그들은 주님이 그들의 친구되심을 기뻐할 것이며 주님이 그들의 문제보다 더 크심으로 인하여 주께 감사드리게 될 것이다. 그리고 그들은 염려를 정복하는 길로 계속 나아가게 될 것이다.]

결 론

필자가 이 장에서 제안한 것은 동료 설교자들을 가르치기 위함보다는 그들로부터 배우고자 더욱 열망하는 사람의 견해일 뿐이라는 사실이 끝으로 언급되어야 할 것이다. 필자의 습관은 이 단계들을 처음부터 끝까지 어느 정도는 기계적으로 수행하는 것이다. 필자에게 있어서 이것은 8-10시간 정도의 읽고 생각하는 것을 의미하지만, 그러나 배경의 분석에서 설교의 개요로 옮겨가는데 얼마나 많은 시간이 요구되는가는 설교자마다 다 다르다. 성령께서 주권적으로 역사하시므로 결국에 가서 우리는 우리의 모든 준비한 것들을 그의 손에 맡겨야만 할 것이다.

당신의 생각은?

당신은 데살로니가 전서 5:16-18을 어떻게 석의했는가? 필자의 분석에 불명확하거나, 부적절하거나 또는 부자연스럽게 여겨지는 어떤 것이 있는가? 당신은 이제 어떤 본문의 석의를 스스로의 힘으로 더 잘 할 수 있다고 느끼는가?

제 5 장

이론에서 실제로

원리들과 도구들의 활용

다음의 본보기는 당파짓기와 다툼에 직면하여 화합과 겸손을 요구하는 빌립보서 2:1-4에서 가져온 것이다. 이 본문을 철저히 연구하면 당신이 획득한 기술들을 향상시키는 데 도움이 될 것이며 석의를 하는 당신 자신의 방법을 발전시킬 수 있게 될 것이다. 아래에 준비한 공간에 당신의 생각을 기록해도 좋다.

이 본문의 석의를 발전시켜 나갈 때 당신이 가지고 있는 헬라어 신약 성경을 가능한 한 많이 사용하되, 콘코던스나 주석 또는 문법책과 같은 다른 도구들을 참고하는 것을 주저하지 말라. 본문의 문학적 양식을 주목하는 것이 특히 도움이 되는데, 그 까닭은 본문이 매우 주의 깊게 구성되어 있기 때문이다. "바울과 그리스도인의 화합: 빌립보서 2:1-4의 양식적 분석"[1] 이라는 짧은 논문에서, 필자는 모이세스 실바(Moisés Silva)가 그의 최근의 빌립보서 주석에서 그런 것

1) *Journal of the Evangelical Theological Society* 28 (1985), pp. 299-308.

처럼[2] 본문의 양식을 어느 정도 분석하려고 시도했다. 역사적 배경에 대한 질문들에 관해서, 필자는 Word Biblical Commentary(WBC)에서 나온 제럴드 F. 호돈(Gerald F. Hawthorn)의 빌립보서 주석이 특히 뛰어나다는 것을 발견했다.[3] 당신이 원래 독자의 세계를 알면 알수록, 당신은 당신의 메시지를 더 잘 설명할 수 있고 더 잘 적용할 수 있다. 또한 이 본문으로 설교하는 것은 본문의 주요 사상에 대한 신중한 주의를 요구한다. 우리는 "하나님과 우리의 삶 가운데서 역사하시는 하나님의 구원의 사역에 대해서 어떤 진리가 이 본문에서 표현되어 있는가?"라고 질문할 필요가 있다. 우리가 그러한 질문에 대답할 수 있을 때, 우리는 이 본문으로 설교하기 위한 튼튼한 기초 위에 서 있게 된다. 필자의 희망은 이러한 연습으로 인하여 하나님의 백성에 대한 하나님의 말씀의 해석자로서 당신이 주해적 강해설교(expository preaching)에 대한 당신 자신의 철학을 발전시킴에 있어서 도움을 얻는 것이다.

이 시점에서 필자는 결코 끝나지 않는 모험을 떠나려는 당신에게 작별을 고하고자 한다. 당신의 전진은 도전적이지만 가치있는 신약성경 설교의 세계로 들어가는 출입구로 당신을 인도하였다. 건투를 빈다!

---

2) Moisés Silva, *Philippians* (Baker Exegetical Commentary on the New Testament; Grand Rapids: Baker, 1992), pp. 99-104.

3) Gerald F. Hawthorne, *Philippians* (Word Biblical Commentary 43; Waco, Tex.: Word, 1983).

제1단계; 역사적 배경을 개관하라.

제2단계; 더 넓은 문학적 배경을 관찰하라.

제3단계; 본문의 중요한 문제들을 해결하라.

제4단계; 중요한 단어들의 뜻을 결정하라.

제5단계 ; 구문을 분석하라.

제6단계 ; 문장 구조를 결정하라.

제7단계 ; 수사학적으로 중요한 특징들을 찾으라.

제8단계 ; 자료들이 어떻게 사용되었는지를 관찰하라.

第9단계 ; 선택한 본문의 중심 사상을 결정하라.

第10단계 ; 본문에서 설교의 개요를 끌어내라.

참고 문헌

아래의 참고 문헌 목록은 제2장에서 소개된 문헌들에 대한 상세한 정보를 제공하고 있다(단 성경 번역본은 제외).

Abbott-Smith, George. *A Manual Greek Lexicon of the New Testament*. New York: Scribner/Edinburgh: T. & T. Clark, 1921.

Aland, Kurt (ed.). *Synopsis of the Four Gospels*. 4th/5th edition. [New York:] United Bible Societies, 1982.

———. *Synopsis Quattuor Evangeliorum*. 13th edition. Stuttgart: Württembergische Bibelanstalt, 1985 (3d corrected printing in 1988).

Aland, Kurt, and Barbara Aland (eds.) *Greek-English New Testament*. 5th edition. Stuttgart: Deutsche Bibelgesellschaft, 1990.

Aland, Kurt, Matthew Black, Carlo M. Martini, Bruce M. Metzger, and Allen Wikgren (eds.). *The Greek New Testament*. 3d (corrected) edition. [New York:] United Bible Societies, 1983.

Bachmann, Horst, and Wolfgang A. Slaby (eds.). *Computer-Konkordanz zum Norum Testamentum Graece*. Berlin/New

York: de Gruyter, 1980.

Bauer, Walter. *A Greek-English Lexicon of the New Testament and Other Early Christian Literature*. Translated and adapted by William F. Arndt and F. Wilbur Gingrich. 2d English edition revised by F. Wilbur Gingrich and Frederick W. Danker. Chicago:University of Chicago Press, 1979.

Berry, George R. *Interlinear Greek-English New Testament*. Reprinted Grand Rapids: Baker, 1992.

Black, David Alan. *Linguistics for Students of New Testament Greek: A Survey of Basic Concepts and Applications*. Grand Rapids: Baker, 1988.

Black, David Alan, and David S. Dockery (eds.). *New Testament Criticism and Interpretation*. Grand Rapids: Zondervan, 1991.

Blass, Friedrich, and Albert Debrunner. *A Greek Grammar of the New Testament and Other Early Christian Literature.* Translated by Robert W. Funk. Chicago: University of Chicago Press, 1961.

Bromiley, Geoffrey W. (ed.) *The International Standard Bible Encyclopedia*. Revised edition. 4 vols. Grand Rapids: Eerdmans, 1979-88.

Brown, Colin (ed.). *The New International Dictionary of New Testament Theology*. 4 vols. Grand Rapids: Zondervan, 1975-86.

Bruce, F. F. *New Testament History*. Garden City, N.Y.: Doubleday, 1971. 「신약사」(나용화 역; 기독교문서선교회, 1978)

Chapman, Benjamin. *Greek New Testament Insert*. Grand Rapids: Baker, 1978.

Cotterell, Peter, and Max Turner. *Linguistics and Biblical Interpretation*. Downers Grove, Ill.: InterVarsity, 1989.

Dana, H. E., and Julius R. Mantey. *A Manual Grammar of the Greek New Testament*. New York: Macmillan, 1927.

The Eight Translation New Testament. Wheaton, Ill.: Tyndale, 1974.

Greenlee, J. Harold. *Introduction to New Testament Textual Criticism*. Grand Rapids: Eerdmans, 1964.

Guillemette, Pierre. *The Greek New Testament Analyzed*. Scottdale, Pa.: Herald, 1986.

Gundry, Robert H. *A Survey of the New Testament*. Grand Rapids: Zondervan, 1981. 「신약개론」(김일우 역; 엠마오).

Guthrie, Donald. *New Testament Introduction*. Downers Grove, Ill.:InterVarsity, 1965. 「신약서론」(김병국, 정광욱 역; 크리스챤다이제스트).

———. *New Testament Theology*. Downers Grove, Ill.: InterVarsity, 1981. 「신약신학」(정원태, 김근수 역; 기독교문서선교회).

Harrison, Everett F. *Introduction to the New Testament*. 2d edition. Grand Rapids: Eerdmans, 1971.

Hasel, Gerhard F. *New Testament Theology: Basic Issues in the Current Debate*. Grand Rapids: Eerdmans, 1978. 「현대신약신학의 동향」(권성수 역; 대한기독교서회)

Hort, Erasmus. *The Bible Book: Resources for Reading the New Testament*. New York: Crossroad, 1983.

Kittel, Gerhard, and Gerhard Friedrich (eds.). *Theological Dic-*

tionary of the New Testament. Thranslated and edited by Geoffrey W. Bromiley. 10 vols. Grand Rapids: Eerdmans, 1964-76.

———. *Theological Dictionary of the New Testament*. Translated and edited by Geoffrey W. Bromiley. Abridged in l vol. by Geoffrey W. Bromiley. Grand Rapids: Eerdmans, 1985.

Ladd, George E. *A Theology of the New Testament*. Grand Rapids: Eerdmans, 1974.
「신약신학」(신성종, 이한수 역; 대한기독교서회)

Louw, Johannes P. *Semantics of New Testament Greek*. Philadelphia: Fortress/Chico, Calif.: Scholars Press, 1982.

Louw, Johannes P., and Eugene A. Nida. *Greek-English Lexicon of the New Testament Based on Semantic Domains*. 2 vols. New York: United Bible Societies, 1988.

Marshall, Alfred. *The NASB Interlinear Greek English New Testament*. Grand Rapids: Zondervan, 1984.

———. *The NRSV-NIV Parallel New Testament in Greek and English, with an Interlinear Translation*. Grand Rapids: Zondervan, 1990.

Martin, Ralph P. *New Testament Books for Pastor and Teacher*. Philadelphia: Westminster, 1984.

———. *New Testament Foundations: A Guide for Christian Students*. 2 vols. Grand Rapids: Eerdmans, 1978. 「신약의 초석」(정충하, 원광연 역; 크리스챤다이제스트, 1997)

Metzger, Bruce M. *Lexical Aids for Students of New Testament Greek*. Princeton: Theological Book Agency, 1969.

———. *The Text of the New Testament.* 3d edition. Oxford: Oxford University Press, 1992.

———. *A Textual Commentary on the Greek New Testament*. Corrected edition. New York/London: United Bible Societies, 1975.

Morris, Leon. *New Testament Theology*. Grand Rapids: Zondervan, 1986.

「신약신학」 (황영철, 김원주 역; 생명의 말씀사, 1992)

Moule, C. F. D. *An Idiom Book of New Testament Greek*. 2d edition. Cambridge: Cambridge University Press, 1959.

Moulton, James H., Wilbert F. Howard, and Nigel Turner. *A Grammar of New Testament Greek*. 4 vols. Edinburgh: T. & T. Clark, 1906-76.

Moulton, William F., and Alfred S. Geden, *A Concordance to the Greek New Testament according to the Texts of Westcott and Hort, Tischendorf, and the English Revisers*. 5th edition. Revised by Harold K. Moulton. Edinburgh: T. & T. Clark, 1978.

Nestle, Eberhard, and Kurt Aland (eds.). *Novum Testamentum Graece*. 26th edition. Stuttgart: Deutsche Bibelgesellschaft, 1979.

Rahlfs, Alfred (ed.). *Septuaginta*. New York: American Bible Society, 1935.

Reicke, Bo. *New Testament Era: The World of the Bible from 500 B.C. to A.D. 100.* Translated by David E. Green. Philadelphia: Fortress, 1968.

「신약성서시대사」 (한국신학연구소, 1992)

Rienecker, Fritz. *A Linguistic Key to the Greek New Testament*. Translated and edited by Cleon L. Rogers Jr. Grand Rapids: Zondervan, 1980.

Scholer, David M. *A Basic Bibliographical Guide for New Testament Exegesis*. 2d edition. Grand Rapids: Eerdmans, 1973.

The Septuagint Version of the Old Testament and Apocrypha, with an English Translation. Reprinted Grand Rapids: Zondervan, 1975.

Silva, Moisés. *Biblical Words and Their Meaning: An Introduction to Lexical Semantics*. Grand Rapids: Zondervan, 1983.

Tenney, Merrill C. *New Testament Times*. Grand Rapids: Eerdmans, 1965.

Van Voorst, Robert E. *Building Your New Testament Greek Vocabulary*. Grand Rapids: Eerdmans, 1990.

Vaughan, Curtis (ed.). *The Bible from Twenty-six Translations*. Grand Rapids: Baker, 1988.

Wigram, George V. *The Englishman's Greek Concordance of the New Testament*. Reprinted Grand Rapids: Baker, 1979.

Zerwick, Maximilian. *Biblical Greek Illustrated by Examples*. Translated by Joseph Smith. Rome: Pontifical Biblical Institute, 1963.

설교자를 위한 신약석의 입문

■ 1997년 10월 22일 1쇄
■ 2016년 8월 20일 5쇄
■ 지 은 이 : 데이빗 앨런 블랙
■ 옮 긴 이 : 김 경 진
■ 펴 낸 이 : 박 영 호
■ 펴 낸 곳 : 도서출판 솔로몬
■ 등록번호 : 제16-24호
■ 출판등록 : 1990년 7월 31일
■ 주 소 : 서울 동작구 사당3동 207-3 신주빌딩 1층
■ 전화번호 : 599-1482 팩시밀리 592-2104
■ 직영서점 : 596-5225

ISBN 89-8255-195-6